Haltung von Wasserschildkröten

von Andreas S. Hennig

Terrarien Bibliothek
Natur und Tier - Verlag

::: Inhaltsverzeichnis :::

Vorwort **4**

Danksagung **5**
Lebensraumzerstörung und Asiens „Schildkrötenkrise":
Gefährdung sowie Schutz der Schildkröten **6**

Kleine Schildkrötenkunde **8**

Was muss ich vor der Anschaffung von
Wasserschildkröten beachten? **11**

Wo erhält man Wasserschildkröten? **13**

Eine spezielle Angelegenheit: der Transport **16**

Das A und O: die richtige Unterbringung **18**
    Die Standortfrage 18
    Mindestanforderungen, die übertroffen werden dürfen: Haltungsrichtlinien 19
    Die drei Möglichkeiten: Aquarium, Aquaterrarium, Freilandterrarium 20
    Bodengrund im Wasserbecken – zwingend notwendig? 32
    Die Bepflanzung – schön, aber auch realisierbar? 33
    Technik ist unverzichtbar: Beleuchtung, Heizung, Filterung 34

Fast Food oder á la Carte? Die Ernährung **38**

Wichtig: die Überwinterung **44**

Vorbeugen ist besser, aber im Fall der Fälle:
Krankheiten und Verletzungen **47**

Nachzucht von Wasserschildkröten **52**
    Interessant und spannend: Paarung und Eiablage 52
    Was tun mit den Eiern? Die Inkubation 54
    Highlight: Schlupf und Aufzucht der Jungtiere 57

Welche Arten sind für die Haltung geeignet? **59**

Artenporträts **61**
    Gewöhnliche Moschusschildkröte (*Sternotherus odoratus*) 61
    Dach-Moschusschildkröte (*Sternotherus carinatus*) 64
    Dreistreifen-Klappschildkröte (*Kinosternon baurii*) 66
    Weißmaul-Klappschildkröte (*Kinosternon leucostomum*) 69
    Buchstaben-Schmuckschildkröte (*Trachemys scripta*) 71
    Fluss-Schmuckschildkröte (*Pseudemys concinna*) 75
    Nicaragua-Schmuckschildkröte (*Trachemys emolli*) 78

Zierschildkröte (*Chrysemys picta*) 80
Falsche Landkarten-Höckerschildkröte (*Graptemys pseudogeographica*) 84
Chinesische Streifenschildkröte (*Ocadia sinensis*) 86
Chinesische Sumpfschildkröte (*Mauremys mutica*) 88
Schwarze Dickkopfschildkröte (*Siebenrockiella crassicollis*) 90
Amboina-Scharnierschildkröte (*Cuora amboinensis*) 92
Nackenstreifen-Sumpfschildkröte (*Cyclemys shanensis tcheponensis*) 94
Rotbauch-Spitzkopfschildkröte (*Emydura subglobosa*) 96
McCords Schlangenhalsschildkröte (*Chelodina mccordi*) 98
Glattrücken-Schlangenhalsschildkröte (*Chelodina longicollis*) 100
Buckelschildkröte (*Mesoclemmys gibba*) 103
Europäische Sumpfschildkröte (*Emys orbicularis*) 105
Starrbrustpelomeduse (*Pelomedusa subrufa*) 107
Chinesische Weichschildkröte (*Pelodiscus sinensis*) 110

Häufig gestellte Fragen zur Wasserschildkrötenhaltung 112

Anhang 118
Worterklärungen und Abkürzungen 118
Zeitschriften 122
Vereinigungen 123
Tierärzte und Untersuchungsstellen 123
Gesetzliche Regelungen 124

Bildnachweis Umschlag
Titelbild: .... *Sternotherus carinatus* Foto: M. Schmidt
Kleines Bild links: ..... *Pseudemys concinna*, Jungtier Foto: M. Schmidt
Kleines Bild rechts: .... *Graptemys pseudogeographica kohnii* Foto: M. Schmidt
Hintergrund: .... *Chrysemys picta dorsalis* Foto: A. S. Hennig
Erste Seite: .... *Trachemys scripta elegans* Foto: A. S. Hennig

Die in diesem Buch enthaltenen Angaben, Ergebnisse, Dosierungsanleitungen etc. wurden vom Autor nach bestem Wissen erstellt und sorgfältig überprüft. Da inhaltliche Fehler trotzdem nicht völlig auszuschließen sind, erfolgen diese Angaben ohne jegliche Verpflichtung des Verlages oder des Autors. Beide übernehmen daher keine Haftung für etwaige inhaltliche Unrichtigkeiten.
Alle Rechte, insbesondere das Recht der Vervielfältigung und Verbreitung sowie der Übersetzung, vorbehalten. Kein Teil des Werkes darf in irgendeiner Form (Druck, Fotokopie, Mikrofilm oder andere Verfahren) ohne schriftliche Genehmigung des Verlages reproduziert oder unter Verwendung elektronischer Systeme verarbeitet, gespeichert oder vervielfältigt werden.

ISBN 978-3-931587-95-6   3.Auflage 2013

© 2004 Natur und Tier - Verlag GmbH
An der Kleimannbrücke 39/41
48157 Münster
www.ms-verlag.de

Geschäftsführung: Matthias Schmidt
Lektorat: Heiko Werning & Kriton Kunz
Layout: Ludger Hogeback
Druck: Alföldi, Debrecen, Ungarn

:::Widmung:::

***Ich widme dieses Buch meinen Neffen
Gerit-Jan, Christoph und Jacob.***

Vorwort

Schildkröten faszinieren nicht nur durch ihren im Laufe der Evolution entwickelten und seit vielen Millionen Jahren bewährten „Bauplan", sondern auch durch ihre Farben- und Formenvielfalt – gerade Wasserschildkröten. Es ist beeindruckend, wie sie sich an bestimmte Lebensräume anpassten und welche Lebensweisen sie hervorbrachten. Schildkröten sind die beliebtesten Vertreter der Reptilien und finden die meisten Sympathien beim Menschen – kaum ein anderes wechselwarmes Tier wird so häufig in Menschenobhut gehalten. Aber wie generell bei der Pflege von Tieren müssen auch bei der Schildkrötenhaltung bestimmte Voraussetzungen erfüllt werden, um den anspruchsvollen Pfleglingen ein artgerechtes Leben zu ermöglichen. Dazu gehören u. a. die Schaffung der richtigen klimatischen Bedingungen, ein angemessenes Platzangebot sowie ein optimales und an die Natur angelehntes Futterspektrum. Auch muss man es seinen Tieren ermöglichen, ihr Verhalten voll auszuleben.

Doch auch die Schildkröten in der Natur benötigen unsere Aufmerksamkeit. Noch nie waren sie so bedroht wie heute – sei es nun durch den Handel zu Lebensmittelzwecken, die Verarbeitung zu zweifelhafter Medizin oder die Verbauung und wirtschaftliche Nutzung ihrer Lebensräume. Alle betroffenen Arten brauchen unsere Hilfe, damit sie nicht eines Tages von der Bildfläche verschwinden. Helfen auch Sie, damit die beliebten Panzerträger nicht auf Nimmerwiedersehen verschwinden. Die Natur bietet so viele spannende Erlebnisse und unglaubliche Beobachtungsmöglichkeiten, ohne die das menschliche Leben an Attraktivität verlieren würde. Die Natur ist faszinierend – Schildkröten sind ein wunderschöner Teil von ihr...

Andreas S. Hennig
Leipzig, im Winter 2004

Haltung und Nachzucht von Schildkröten – ein faszinierendes Hobby! Foto: A. S. Hennig

Danksagung

Ich bedanke mich recht herzlich bei Maik Schilde (Leipzig) für die Durchsicht und die Anregungen zum Manuskript, bei Mario Herz (Berlin) für die Bereitstellung des Futterrezeptes sowie bei Wolfgang Helm (Gera) und Dieter Symanski (Droyßig) für die Fotogenehmigung.

Lebensraumzerstörung und Asiens „Schildkrötenkrise": Gefährdung sowie Schutz der Schildkröten

Leider macht die durch den Menschen verursachte Gefährdung der Natur auch vor Schildkröten nicht Halt: So sind heute vor allem zahlreiche asiatische Arten bedroht, weil sie in ihrer Heimat als Delikatesse gelten oder zu Medizin verarbeitet werden. Dies brachte innerhalb kürzester Zeit mehrere Schildkrötenarten an den Rand der Ausrottung, einige sind bereits wahrscheinlich für immer von unserem Planeten verschwunden. Schildkröten galten in dieser Region schon seit Jahrhunderten als wohlschmeckende Speise, doch war ihr Verzehr nur einer überschaubaren wohlhabenden Bevölkerungsschicht vorbehalten. Heute jedoch gibt es insbesondere in China eine größere Mittelschicht, die sich nun Schildkröten leisten kann. So hat der Hunger nach dem beliebten Fleisch unvorstellbare Ausmaße angenommen. Aber auch in anderen Teilen der Welt sind Schildkröten gefährdet. Vor allem Zerstörung und Missbrauch der Natur tragen dazu bei, dass die Lebensräume immer kleiner werden. Feuchtgebiete werden trockengelegt, um sie landwirtschaftlich zu nutzen, Flüsse tiefer ausgebaggert und kanalisiert, Gewässer durch die Freizeitindustrie genutzt und vermarktet, Teiche und Seen durch Aktivitäten infolge der Verkehrs- und Baupolitik isoliert oder zerstört. Aber nicht nur unmittelbar die Gewässer selbst unterliegen dem menschlichen Nutzungsdruck, sondern auch die Landhabitate – für die Wasserschildkröten wichtig für die Eiablage und das Wanderverhalten – werden durch Siedlungen und Straßen zerschnitten und versiegelt. Deutschland und andere mitteleuropäische Staaten sind da keine

Schildkröten der Gattung *Cuora* (hier eine *Cuora mccordi*) sind stark gefährdet. Foto: H. Werning

Ausnahme, und das Fortbestehen der letzten Populationen der hier heimischen Europäischen Sumpfschildkröte leidet darunter. Wer sich heute also für den Erwerb einer Wasserschildkröte entscheidet, muss sich der Verantwortung bewusst sein, die er mit der Pflege eines solchen Wildtieres übernimmt. Von engagierten Privatpersonen und Institutionen wurden und werden Schutzprojekte gestartet, um einen aktiven Beitrag zum Schutz der Schildkröten zu leisten. Dazu dienen beispielsweise Zuchtbücher zur Koordination der Vermehrung in Menschenobhut gehaltener Tiere ebenso wie konkrete Schutzmaßnahmen vor Ort (Bestandserfassungen, Einrichtung von Schutzgebieten, Aufklärung der Bevölkerung u. a.) oder auch die Einrichtung von Zuchtstationen wie das richtungsweisende Projekt im Allwetterzoo Münster, Deutschland, das von dem privaten Schildkrötenhalter Elmar Meier initiiert wurde. Organisationen, die z. B. durch den Zusammenschluss verantwortungsvoller Tierhalter und Biologen entstanden und sich mit Schildkröten, ihrer Lebensweise, Haltung und Zucht beschäftigen, bieten mehrere Möglichkeiten, sich aktiv für den Schutz dieser Tiere einzusetzen. Zwei dieser aktiven Gruppierungen sind die Deutsche Gesellschaft für Herpetologie und Terrarienkunde e. V. (DGHT) und ihre Arbeitsgemeinschaft Schildkröten (*Adressen s. Anhang*).

Wie viele andere Schildkröten, wird auch die Schwarze Dickkopfschildkröte (*Siebenrockiella crassicollis*) in Asien zum Verzehr und für medizinische Präparate gehandelt; wegen ihrer niedrigen Reproduktionsrate (meist nur ein Ei pro Gelege) ist sie ungleich schneller von der Ausrottung bedroht. Foto: A. S. Hennig

Literatur
GUYOT, G. & G. KUCHLING (1999): DGHT-Fonds für Herpetologie. Schildkrötenschutzprojekte in Südwest-Australien. – elaphe N.F. 7(1): 81–84.
MEIER, E. (1999): Sind die Schildkröten Asiens noch zu retten? – REPTILIA, Münster, 4(1): 5–8.
VALENTIN, P. (2000): Das Ende asiatischer Schildkröten? Die Lebendtiermärkte Südostasiens. - REPTILIA, Münster, 5(2): 30–33.

Kleine Schildkrötenkunde

Schildkröten sind schon etwas Besonderes. Anders als wir Menschen sind sie als Angehörige der Reptilien wechselwarm, das heißt, ihre Körpertemperatur ist stark abhängig von der Umgebungstemperatur. Die meisten Säugetiere und Vögel sind in der Lage, die Temperatur des Körpers unabhängig von den umgebenden Wärme- bzw. Kältegraden weitestgehend stabil zu halten. Schildkröten benötigen hingegen regelmäßig Sonnenbäder, um ihre „Betriebstemperatur" zu erhalten. Leben diese urtümlichen Reptilien in Regionen der Erde, die beispielsweise über einen längeren Zeitraum hinweg lebensfeindliche Temperaturen und damit einhergehende Umweltveränderungen bieten, passten sich diese faszinierenden Panzerträger im Laufe ihrer Entwicklung solchen Gegebenheiten an: Ausgeprägte Ruhephasen mit stark verminderter Aktivität bis zum Nullpunkt, Einstellung der Nahrungsaufnahme und das Minimieren aller wichtigen Körperfunktionen sind die natürliche Folge. Ein Aspekt, der bei der Haltung dieser Tiere in Menschenobhut zwingend berücksichtigt werden muss. Gleiches gilt für Tag-Nacht-Schwankungen der Temperatur. Schildkröten in den tropischen Regionen sind weniger starken Temperaturschwankungen ausgesetzt, doch mussten sie sich anderen Gegebenheiten der Natur anpassen. Aber wo auch immer Schildkröten auf der Welt ihren Lebensraum fanden, ob auf dem Land, im Süßwasser oder in den Meeren, waren sie Nutznießer eines fantastischen, überlebenswichtigen Bauplanes: Ein Knochenpanzer aus vielen kleinen Bausteinen, aufgebaut und geformt zum Schutz des eigenen Lebens und des Überlebens der eigenen Art – eine Genialität „made by nature"!

Ein Schildkrötenpanzer ist ein recht komplexes Konstrukt aus Knochen, Knochenplatten und Schilden. In bestimmter Reihenfolge und Kombination miteinander verbunden und damit das stabile, schützende Gerüst des Körpers bildend, ergeben alle Einzelteile ein großes Ganzes. Einige der äußerlich sichtbaren Bestandteile sollen an dieser Stelle genannt werden.

Dem Betrachter fällt als Erstes der augenscheinlich alles umfassende Rückenpanzer auf: Er wird Carapax genannt. Die Schilde an seinem Rand werden in der Fachsprache Marginale (Einzahl) bzw. Marginalia (Mehr-

Lohn der Mühe: erfolgreiche Nachzucht
Foto: M. Schmidt

:::Kleine Schildkrötenkunde:::

zahl) genannt. Im Vergleich mit den anderen Schilden sind sie recht klein und schmal. Mehrere dieser Schilde bilden den äußeren Rand des Rückenpanzers – aber mit Ausnahmen: Am hinteren Ende, wo also der Schwanz der Schildkröte zu sehen ist, findet man die Schwanzschilde (Caudalia) und am vorderen Ende, an der Kopfseite, den Nackenschild (Nuchale). Beim Betrachten des Rückenpanzers sieht man eine Reihe von Schilden, die über die Rückenmitte entlang angeordnet sind. Bei ihnen handelt es sich um die Wirbelschilde (Vertebralia); an ihrer nicht einsehbaren Innenseite, also im Körperinneren der Schildkröte, verläuft die mit den Knochenplatten verbundene Wirbelsäule der Tiere. Links und rechts der Wirbelschilde befinden sich die Rippenschilde (Lateralia). Dreht man die Schildkröte auf den Rücken und blickt auf ihren Bauchpanzer, das Plastron, kann man noch viel mehr unterschiedliche Schilde entdecken – ganz vorn ein Zwischenkehlschild (Intergulare), gefolgt von den paarig angeordneten Kehlschilden (Gularia) und den anschließenden zwei Armschilden (Humeralia). Den nächsten Part übernehmen die beiden Brustschilde (Pectoralia), deren Lage durch den Namen gekennzeichnet ist. Einen zentralen Platz auf dem Plastron nehmen die beiden nebeneinander liegenden Bauchschilde (Abdominalia) ein. Ihnen folgen, wiederum jeweils paarig angeordnet, Schenkel- (Femoralia) und Afterschilde (Analia); auch hier ist deren Lage schon deutlich im Namen erkennbar. Links und rechts am Bauchpanzer befinden sich, sozusagen an der Nahtstelle zwischen Carapax und Plastron, die Achsel- (Axillaria) und die Hüftschilde (Inguinalia).

Bei dieser Tropfenschildkröte kann man gut die verschiedenen Schildtypen des Rückenpanzers betrachten. Foto: M. Schmidt

Kleine Schildkrötenkunde

Eine Wasserschildkröte in ihrem Element
Foto: H. - D. Philippen

Andere Teile des Skeletts, insbesondere die Knochen der Beine und Füße, die Hals- und Schwanzwirbel sowie der Schädel stellen keine so charakteristische Schildkröten-Besonderheit wie der Panzer dar – mit einer Ausnahme vielleicht: Man unterteilt die Schildkröten deshalb sogar in zwei große Gruppen. Zum einen gibt es die Halswender-Schildkröten (z. B. Schlangenhalsschildkröten der Gattung *Chelodina*, aber auch die Vertreter der Gattung *Emydura*), die im Gegensatz zur zweiten Gruppe, den Halsbergern, ihren Kopf nur seitlich unter dem vorderen Carapaxrand anlegen. Zum anderen gibt es die Halsberger (z. B. die Schmuckschildkröten der Gattungen *Trachemys* und *Pseudemys*), die Kopf und Hals in gerader Linie in den Panzer zurückziehen.

Es gibt nicht nur das „Standardmodell" eines Schildkrötenpanzers, sondern durchaus auch Modelle mit Extras! Man denke nur an Vertreter der Klappschildkröten (Gattung *Kinosternon*), die jeweils zwischen Bauch- und Brustschilden bzw. zwischen Bauch- und Schenkelschilden ein Scharnier besitzen. Auf diese Weise können sie die beweglichen Teile des Bauchpanzers wie ein Transportflugzeug anklappen und sich dadurch vor Fressfeinden schützen. Ähnliches gibt es auch bei Vertretern der asiatischen Scharnierschildkröten (Gattung *Cuora*). Oder man betrachte beispielsweise die außergewöhnlichen Weichschildkröten: Sie haben keinen festen Knochenpanzer, sondern ihr Panzer ist lederartig und damit viel verletzlicher als bei den „hartschaligen" Schildkröten. Dieses Manko an Schutz wird bei den Weichschildkröten durch erhöhte Aggressivität wettgemacht. Es handelt sich um sehr wehrhafte Tiere, deren Pflege entsprechende Vorsicht und Achtsamkeit erfordert. Nichtsdestoweniger sind auch sie hochinteressante Pfleglinge!

Weitere Besonderheiten im Körperbau, die funktionellen Charakter haben, finden sich bei etlichen Schildkrötenarten. So besitzen z. B. die Männchen der Gewöhnlichen Moschusschildkröte (*Sternotherus odoratus*) Haftpolster an den Innenseiten der Hinterbeine. Diese ermöglichen es den Tieren, sich während der Paarung besser und sicherer am Panzerrand der Geschlechtspartnerin festzuhalten. Bekannt sind meist auch die stark verlängerten Krallen an den Vorderfüßen nordamerikanischer Schmuckschildkröten-Männchen: Mit ihrer Hilfe vollführen die männlichen Tiere ein eindrucksvolles Balzspiel.

Die Aufzählung der vielen kleinen Besonderheiten ließe sich noch fortführen, doch schauen Sie einfach einmal selbst, was Ihre Schildkröte zeigt, was Ihr Pflegling zu leisten vermag, und lassen Sie sich fesseln von der einzigartigen Biologie, die sich während eines langen Entwicklungszeitraumes ausprägte und die sich der Mensch nicht zu seinen Gunsten und zum Nachteil des Tieres „zurechtbiegen" darf...

Was muss ich vor der Anschaffung von Wasserschildkröten beachten?

Die Entscheidung für oder gegen die Tierhaltung sollte gründlich durchdacht werden. Die Pflege von Wasserschildkröten erfordert Zeit, ein Mindestmaß an Fachwissen und natürlich auch finanzielle Mittel. Der Erwerb der Schildkröte und zuvor mindestens eines guten Buches über ihre Haltung sind in den meisten Fällen noch die kleinsten Posten auf der Liste. Teurer sind Becken, Unterbau, technisches Zubehör und die erforderlichen Einrichtungsgegenstände. Die laufenden Kosten dürfen auch nicht vergessen werden: Futter, Strom, Wasser, Ersatz bzw. Reparatur technischer Geräte, Tierarztkosten. Informieren Sie sich in mehreren Zoohandlungen, Bau- und Gartenmärkten oder im Internet über die aktuellen Kosten. Besuchen Sie auch Veranstaltungen eines orts- oder in der Nähe ansässigen Terrarienvereines, bei denen Sie sich vor Ort an erfahrene SchildkrötenhalterInnen wenden können. Einige Adressen sind im Anhang dieses Buches aufgelistet.

Sind Ihre Mitbewohner damit einverstanden, dass Sie sich ein großes Wasserbecken in das Wohnzimmer stellen oder gar ein separates Hobbyzimmer einrichten wollen? Geklärt werden muss vor der Anschaffung, wer die Tiere bei Abwesenheit betreut, beispielsweise im Urlaub. Nicht jeder Zeitgenosse hat die Nerven, Frost- oder gar Lebendfutter anzufassen. Ein wichtiger Aspekt ist auch: Ist es in Ihrem Haus/Ihrer Wohnung bautechnisch möglich, ein oder gar mehrere schwere Wasserbecken aufzustellen? Die Tragkraft muss gewährleistet sein! In den meisten Fällen wird die Bausubstanz natürlich das Aufstellen eines Wasserbeckens erlauben, denn beispielsweise schwere Eichenschränke oder große Ledersofas sind auch nicht so viel leichter. Doch Vorsicht und Sicherheit sind dennoch angebracht. Wenden Sie sich im Zweifel an einen

Die Florida-Rotbauchschmuckschildkröte (*Pseudemys nelsoni*), des Öfteren unter der falschen Bezeichnung „Florida-Zierschildkröte" im Handel, ist eine wunderschöne Art, doch wird sie recht groß und benötigt entsprechend dimensionierte Becken. Informiert man sich vor dem Kauf ausführlich in der Literatur, vermeidet man unliebsame Überraschungen.
Foto: A. S. Hennig

Anschaffung von Wasserschildkröten

Statiker. Hinweise und eine Tabelle zur Berechnung des Gewichts von Aquaterrarien finden Sie in der allgemeinen Terrarienliteratur.

Haben Sie sich für die Anschaffung von Wasserschildkröten entschieden, ist ein bedeutendes Kriterium für das Aussuchen einer Art die zu erwartende Endgröße der Pfleglinge. Da Wasserschildkröten meist als Jungtiere verkauft werden, ist es für Anfänger nur schwer vorstellbar, dass dieses niedliche Schildkrötenbaby in wenigen Jahren ein Vielfaches seiner jetzigen Größe und seines Gewichtes erreichen wird! So sind u. a. die beliebten Schmuckschildkröten als Baby klein und fantastisch bunt, nach wenigen Jahren aber 25 oder gar 30 cm groß und nicht mehr so farbenfroh. Das sollte berücksichtigt werden. (Dennoch sind Schmuckschildkröten sehr empfehlenswerte Wasserschildkröten, die in entsprechend großen Becken attraktive Pfleglinge darstellen.)

Große Wasserschildkröten – im Bild eine adulte weibliche Rotwangen-Schmuckschildkröte (*Trachemys scripta elegans*) im Freilandterrarium – werden für einen Transport zunächst in Leinenbeutel gesteckt. Foto: A. S. Hennig

Wo erhält man Wasserschildkröten?

Im Zoohandel findet man häufig Schmuck- und Höckerschildkröten, weniger z. B. die für kleinere Behälter sehr geeignete Kleine Moschusschildkröte (*Sternotherus minor minor*).
Foto: A. S. Hennig

Es gibt mehrere Möglichkeiten für den Erwerb von Wasserschildkröten. Die erste und sicherlich häufigste Variante ist der Kauf in einer Zoohandlung. Wenn es sich allerdings nicht gerade um ein auf Terrarientiere spezialisiertes Geschäft handelt, beschränkt sich das Angebot in den meisten Fällen auf die nordamerikanischen Schmuck-, Zier- und Höckerschildkröten. Tierhandlungen, die eine Terrarienabteilung mit verschiedensten Amphibien, Reptilien und Wirbellosen pflegen, bieten häufig auch Wasserschildkröten abseits des „Standardprogramms". Dort ist die Chance größer, beispielsweise asiatische oder mittelamerikanische Arten zu bekommen. Falls im Augenblick des Besuches nicht die gewünschte Art im Angebot ist, bieten einige Händler auch die Möglichkeit an, Tiere bei einem Großhändler zu bestellen, sofern dieser sie im Angebot führt. Das hat allerdings – wie beim spezialisierten Versandhändler – den Nachteil, dass Sie die Schildkröten vorher nicht sehen und unter Umständen die Tiere nehmen müssen, die der Absender Ihnen eingepackt hat. So besteht durchaus das Risiko, dass Sie eine andere als die gewünschte Art bekommen. Das ist nicht unbedingt böser Wille des Verkäufers, denn nicht jeder Händler ist ein langjähriger

Wo erhält man Wasserschildkröten?

Junge Schildkröten erfreuen den Betrachter oft mit wunderschönen, kräftigen Farben. Häufig verschwinden diese diese mit zunehmendem Alter der Tiere. Foto: M. Schmidt

Schildkrötenexperte, und die Namenslisten der Exporteure und Großhändler können fehlerhaft sein. Genauso kann es passieren, dass – wenn Sie adulte Exemplare eines bestimmten Geschlechts kaufen möchten – z. B. statt eines Männchens ein Weibchen eingepackt wird. Im günstigen Fall entdecken Sie in einem Zooladen die „Wunschtiere" und beobachten diese eine Weile, evtl. sogar bei Besuchen über mehrere Tage hinweg. Lassen Sie sich die Schildkröte, für die Sie sich interessieren, von einem Verkäufer zeigen und achten Sie auf den allgemeinen Zustand des Tieres: Wie reagiert es? Liegt es bloß schlaff in der Hand, hat trübe Augen oder gar Verletzungen? Oder macht es einen augenscheinlich munteren Eindruck, versucht evtl. sogar zu beißen und zeigt keine äußeren Anzeichen für mögliche Erkrankungen? Schauen Sie sich die Tiere in Ruhe an, nehmen Sie sich viel Zeit und bitten Sie vielleicht sogar einen erfahrenen Schildkrötenhalter, der Ihnen wertvolle Tipps geben kann, mitzukommen.

Eine weitere Möglichkeit des Schildkrötenkaufs ist der Erwerb direkt beim Züchter. Aber woher bekommt man die Anschrift eines Wasserschildkrötenzüchters und wie erfährt man, welche Arten er anbietet? Hier führen zwei Wege zum Ziel: Zum einen werden in vielen Teilen des Landes regelmäßig so genannte Börsen durchgeführt. Bei unterschiedlicher Qualität haben sie alle eines gemeinsam – man findet dort zwischen den Händlerangeboten auch Privatleute, die Nachzuchten aus dem eigenen Tierbestand abgeben. Hier kommt man direkt mit den Züchtern ins Gespräch und kann neben den Tieren noch wertvolle Hinweise erhalten. Der andere Weg zu privaten Schildkrötenhaltern und -züchtern ist die Kontaktaufnahme über Inserate in Fachzeitschriften. Neben den im Buch- und Zeitschriftenhandel sowie in spezialisierten Zoofachgeschäften erhältlichen Publikationen wie der REPTILIA ist dies vor allem das „Anzeigen Journal", das die Mitglieder der DGHT (s. Anhang) neben anderen Fachzeitschriften in jedem Quartal eines Jahres erhalten. Hier finden sich zahllose Angebote, Gesuche und Kontaktmöglichkeiten. Und quasi „nebenbei" unterstützt man mit seinem Mitgliedsbeitrag bei der DGHT noch die Ziele dieser gemeinnützigen Gesellschaft und damit den Schutz der weltweiten Amphibien- und Reptilienfauna. Natürlich wohnt ein Züchter der gewünschten Schildkrötenart nicht immer gleich eine Häuserecke weiter, sondern man muss evtl. eine weite Reise quer durch das Land in Kauf nehmen. Aber dies ist durchaus empfehlenswert, sieht man doch so die Haltungsbedingungen, kann meist aus einer Gruppe von Tieren wählen und erhält nützliche Tipps zur richtigen Pflege. Abschließend sei festgehalten, dass es natürlich auch im Internet fachspezifische Homepages mit Kleinanzeigenrubriken gibt.

Sollen geschützte Arten erworben werden, erfolgt deren Kauf nur mit den notwendigen Papieren. Handelt es sich um meldepflichtige Arten (siehe Tabelle über Gefährdung und Schutz im Anhang), werden vom Verkäufer Name und Anschrift des Käufers und vom Käufer Name und Adresse des Verkäufers notiert. Ergänzt mit den Daten zur Art (wissenschaftlicher und deutscher Name, Herkunft, Erwerbsdatum, Anzahl der erworbenen Tiere, Geschlecht) meldet man als neuer Besitzer die Schildkröten bei der zuständigen Behörde seines Wohnortes an; der Verkäufer meldet zeitgleich seine veräußerten Exemplare bei seiner zuständigen Behörde ab und hinterlässt dort u. a. den Namen des neuen Besitzers. Ähnlich verfährt man mit Arten, die dem höchsten Schutzstatus unterliegen und daher nur mit den dafür notwendigen Papieren gehalten und vermarktet bzw. verkauft werden dürfen.

Interessiert man sich für ältere bzw. adulte Wasserschildkröten, ist auch ein Blick in örtliche Tierheime oder in reine Anzeigenblätter hilfreich. In beiden Fällen wird man meist fündig, denn dort gibt es immer wieder Angebote an großen Schmuck- und Höckerschildkröten, seltener auch zu anderen Arten. In Tierheimen landen Schildkröten, derer ihre früheren Halter leider überdrüssig wurden, in Anzeigenzeitungen mit kostenlosen Inseraten verhält es sich meist ähnlich.

Pangshura smithi Foto: M. Schmidt

Eine spezielle Angelegenheit: der Transport

Hat man seine neuen Wasserschildkröten beim Händler oder Züchter gekauft, stehen zunächst der Heimweg und damit der Transport an. Für kleine Wasserschildkröten (z. B. Arten der Gattungen *Sternotherus* und *Kinosternon*) sowie für Weichschildkröten und Jungtiere bereitet man der Größe entsprechende Transportboxen vor. Das können kleine Plastikbehälter oder auch die handelsüblichen Kunststoffterrarien mit Deckel (z. B. so genannte Fauna-Boxen) sein. In diese Behälter werden entweder angefeuchtete und unparfümierte Zellstofftaschentücher, Haushaltstücher aus dem gleichen Material oder aber feuchte, für weitere Zwecke wieder verwendbare Stofftücher gelegt (Lappen, Handtücher ohne große Schlaufen, in denen sich die Schildkröten verheddern könnten). Von Vorteil ist es, auf die untere Lage feuchten Materials lose aufliegende Stoffe zu legen, z. B. auf die untere Schicht Zellstoff einige leicht zusammengeknüllte Zellstofflagen. Eine andere Variante besteht darin, ein feuchtes Handtuch so zu legen, dass Falten entstehen. Das Füllmaterial ermöglicht es den Schildkröten, darunter Schutz zu suchen; durch diesen Rückenkontakt fühlen sie sich auf dem stressigen Transport etwas sicherer. Der Transportbehälter wiederum wird in einen Styropor- oder ähnlich wärmedämmenden Behälter gestellt. Wenn sie dicht geschlossen sind, verhindern solche Isolierboxen ein schnelles Aufheizen bzw. Abkühlen des Behälterinnenraumes. Dauert die Reise in das neue Heim mehrere Stun-

Für den Transport von jungen bzw. kleinen Wasserschildkröten – hier eine Dornrand-Weichschildkröte (*Apalone spinifera*) – eignen sich kleine Behälter, die mit feuchtem Material, z. B. Zellstoff, ausgelegt werden. Foto: A. S. Hennig

::: Eine spezielle Angelegenheit: der Transport :::

Rotwangen-Schmuckschildkröten sind besonders eindrucksvoll gezeichnet. Foto: M. Schmidt

den, sollte während der Fahrt kontrolliert werden, ob nachbefeuchtet werden muss – kleine Wasserschildkröten leiden sonst unter dem Wasserverlust. In der Regel bleiben die Tücher aber für die Dauer des Transportes feucht genug, um die Tiere wohlbehalten zum Zielort zu bringen. Kontrollen während des Transportes sollten auf ein Minimum beschränkt werden, da ständiges Öffnen der Behälter und evtl. das Herausnehmen der Schildkröte nicht unerheblichen Stress sowie je nach Wetter eine Erkältungsgefahr bedeuten.

Wasserschildkröten mit Rückenpanzerlängen ab etwa 20 cm können auch – ehe man sie in die eigentliche Transportkiste legt – in zugeknotete Leinenbeutel gesteckt werden (die Innenseite des Beutels nach außen drehen, damit sich die Schildkröten nicht in einer losen Naht verheddern). Die Leinenbeutel sollten trocken sein, um die Luftdurchlässigkeit nicht einzuschränken. Diese Variante bietet ebenfalls ein höheres Sicherheitsgefühl für die Tiere. Beim Transport mehrerer Schildkröten vermeidet man auf diese Weise zudem, dass die Panzer ungeschützt aufeinander schlagen bzw. aneinander reiben und damit Verletzungen und sich infizierende Wunden entstehen können.

Auf keinen Fall transportiert man Wasserschildkröten in gefüllten Wassereimern o. Ä. Selbst wenn man das Wasser temperiert einfüllt, kühlt die geringe Wassermenge sehr schnell aus, und je nach den Umständen des Transports besteht das Risiko einer Erkältung. Insgesamt ist zu beachten, dass die Feuchtigkeit der zum Transport genutzten Materialien bei Jungtieren, kleinen Exemplaren und Weichschildkröten höher sein muss als bei anderen Wasserschildkröten.

Das A und O: die richtige Unterbringung

Das Wissen und das Verständnis um die Bedürfnisse Ihrer Pfleglinge bilden das Fundament zur richtigen Haltung. Darauf wird ein stabiles Gerüst aus geeigneten Becken, praktischer Einrichtung und notwendiger Technik gebaut – konkret ausgedrückt: Die richtige Unterbringung der Schildkröten ist eine Grundlage für ihre dauerhaft gute Pflege.

Geräumige und attraktiv eingerichtete Aquaterrarien bereichern auf jeden Fall die Wohnung. Foto: A. Glaser

Die Standortfrage

Ein geeigneter Ort für die Aufstellung des Beckens können ein bewohnter Raum oder ein separates Hobbyzimmer sein. Eher ungünstig sind Durchgangszimmer wie Korridore oder Treppenhäuser. Hier herrscht ständig Unruhe durch vorbeigehende Personen, Zugluft entsteht schneller als in anderen Wohnräumen (geöffnete Wohnungs-/Haustüren), und die Raumtemperatur ist meist insgesamt niedriger. In Wohn- oder Kinderzimmern gehen natürlich auch Personen umher, doch sicherlich nicht so häufig wie in einem alle Räume verbindenden Flur o. Ä. Geeignet sind also Wohnräume, in denen die Becken standsicher untergebracht werden können und keine Gefahr besteht, dass aufschlagende Türen und Fenster, rollende Sessel und Stühle oder andere Gegenstände das Glasbecken beschädigen.

Kleine Kinder dürfen keine Möglichkeit haben, in das Becken zu langen oder an dessen Technik zu hantieren. Haus- und Heimtiere, die Freilauf im Zimmer genießen (Katze, Chinchilla usw.), dürfen nicht Opfer ihrer Neugier werden und Stromkabel anknabbern oder aus Versehen in ein offenes Wasserbecken fallen können. Glücklich schätzt sich, wer einen separaten Hobbyraum zur Verfügung hat, der ganz den Schildkröten und deren Pfleger vorbehalten ist. Hier können komplette, aus mehreren Becken bestehende Zuchtanlagen hergerichtet und effektiv (fest installierte Beckenabflüsse, Technikinstallation u. Ä.) betrieben werden.

Unabhängig vom räumlichen Standort muss in jedem Fall auf einen sicheren Unterbau geachtet werden. Dies beginnt beim Fußboden, der die bei großen Becken nicht geringe Traglastsumme aus reinem Beckengewicht, den Einrichtungsgegenständen (Bodengrund, Landteil, größere Steine) und vor allem der Wassermenge aushalten muss. Liegt die Wohnung in einem Altbau mit Holzdecken bzw. -fußböden, werden große und schwere Schildkrötenbecken am besten quer zu den in der Geschossdecke liegenden Tragbalken gestellt. Auf diese Weise verteilt sich das Gewicht günstig auf mehrere Balken. In Gebäuden jüngeren Baudatums mit überwiegend betonfreudiger Architektur ruht ein Schildkrötenbecken in der Regel auf einer tragfähigen Betondecke bzw. einem -fußboden.

Als Unterbau für ein Aquarium oder ein Aquaterrarium werden ein stabiler, nicht wackelnder oder gar dünnbeiniger Schrank, ein massiver Tisch, eine stabile und tragfähige Regalkonstruktion oder auch Gasbetonsteine ausgewählt.

Mindestanforderungen, die übertroffen werden dürfen: Haltungsrichtlinien

Für die Haltung von Reptilien, also auch Schildkröten, bestellte das ehemalige BUNDESMINISTERIUM FÜR ERNÄHRUNG, LANDWIRTSCHAFT UND FORSTEN ein Gutachten über die Mindestanforderungen, das 1997 veröffentlicht wurde. Es hält die Grundlagen für eine artgerechte Haltung und Pflege fest, also Angaben über die notwendige Strahlungswärme (Temperaturangaben), vorwiegende Ernährung („animalisch", „alles", „vegetarisch"), die soziale Zusammensetzung („Gruppe", „einzeln", „Paar"), die Terrariengröße (meist vier- bis fünffache Panzerlänge als Länge und die Hälfte des errechneten Wertes als Terrarienbreite) und den Wasserstand (für Wasserschildkröten meist dem Wert der doppelten Panzerbreite entsprechend). Auch ein Hinweis auf die Überwinterung („eventuell", „empfehlenswert", „ja") fehlt nicht. Die im Gutachten katalogisierte „Gruppencharakteristik" berücksichtigt neben den Hinweisen auf die Größe der Schildkröten („klein bleibend", „mittelgroß", „groß" usw.) auch Eigenschaften wie „stark

Wichtig ist auch eine Rampe, über die die Schildkröten den Landteil des Terrariums erreichen können Foto: M. Schmidt

Die drei Möglichkeiten

aquatil", "aggressiv" und "bewegungsaktiv".

Nun wurden seit der Erstellung dieses Gutachtens zahlreiche neue Erkenntnisse gewonnen, und die damals publizierten Angaben sind im Sinne einer möglichst optimalen Tierhaltung teilweise reif für eine verbessernde Korrektur. Dennoch bilden sie die Arbeitsgrundlage für die Behörden, die für private Tierhaltung und Tierschutz zuständig sind. Man kann diese Broschüre mit den Mindestanforderungen beim Ministerium für Verbraucherschutz, Ernährung und Landwirtschaft anfordern. Es ist jedoch auch Bestandteil der Unterlagen zum Sachkundenachweis von DGHT und VDA und kann dort nachgeschlagen werden. Ich empfehle aber, dass Sie sich für eine möglichst erfolgreiche Haltung der in diesem Buch vorgestellten Schildkröten einfach nach den im Kapitel "Artenporträts" genannten Rahmenbedingungen richten, die den Mindestanforderungen immer entsprechen, häufig sogar darüber hinausgehen.

Apropos Sachkundenachweis: Mit dem Erwerb eines Tieres übernehmen Sie eine nicht unerhebliche Verantwortung für ein anderes Lebewesen. Nicht nur bei Reptilien erfordert dies ein Mindestmaß an notwendigem Wissen – die Sachkunde. Bevor Sie sich Schildkröten anschaffen, müssen Sie sich neben einer bestimmten Grundinformation über rechtliche Seiten (Artenschutz, Tierschutz) vor allem das Wissen über die artgerechte Haltung aneignen. Und diese Grundleistung müssen Sie *vor* der Übernahme eines Tieres erbringen! Das ist keine Eigenheit der Terraristik, sondern eine allgemeine Notwendigkeit der Tierhaltung. Deswegen wurde in den 1990er-Jahren von den zwei zurzeit größten Vivaristik-Verbänden (Verband Deutscher Vereine für Aquarienkunde e. V. [VDA]; Deutsche Gesellschaft für Herpetologie und Terrarienkunde e. V. [DGHT]) die Möglichkeit erarbeitet, einen Sachkundenachweis (SKN) abzulegen. Die Unterlagen zum Erlernen der herpetologischen und terraristischen Grundkenntnisse können käuflich erworben werden (entweder bei den Verbänden oder über den Buchhandel). Eine Prüfung durch ausgewiesene SKN-Prüfer ist möglich und zum heutigen Zeitpunkt (2004) noch freiwillig. Aber hier zeigt sich schon der erste markante Punkt in der Verantwortung gegenüber den Tieren: Wer sich rechtzeitig über die Reptilien informiert, sich beliest, zur Wissenserweiterung erfahrene Terrarianer kontaktiert und andere Möglichkeiten nutzt, kann einer Prüfung ruhigen Gewissens entgegensehen und scheut diesen Schritt nicht.

Literatur
BUNDESMINISTERIUM FÜR ERNÄHRUNG, LANDWIRTSCHAFT UND FORSTEN (1997): Mindestanforderungen an die Haltung von Reptilien. – Bonn.
www.sachkundenachweis.de
WILMS, T. (2004): Terrarieneinrichtung. – Natur und Tier - Verlag, Münster, 128 S.

Die drei Möglichkeiten: Aquarium, Aquaterrarium, Freilandterrarium

Die optimale Unterbringung richtet sich nach den zukünftigen Pfleglingen – nach der Art bzw. Unterart, dem Geschlecht und der Größe. So gehören tropische Arten nicht in ein ungeschütztes Freilandterrarium, geschlechtsreife und damit potenziell eierlegende Weibchen werden nicht in einem schlichten Aquarium ohne geeigneten Eiablageplatz gehalten, und sowohl Jungtiere als auch einzelne Männchen aquatiler und schwimmgewandter Wasserschildkrötenarten können einem großen und damit Schwimmvolumen raubenden, mit Sand gefüllten Landteil nicht unbedingt viel abgewinnen.

Aquarium und Aquaterrarium

Aquarien nutzen wir zur Haltung aquatil lebender Schildkrötenmännchen und zur Unterbringung von Jungtieren. Hierzu werden handelsübliche Aquarienbecken passender bzw. notwendiger Größe genutzt. Für die Haltung von Zierfischen angebotene Aquariensets mit Abdeckung sind nicht geeignet, da die mitgelieferten Deckel bei ihrer Verwendung die Luftzirkulation behindern und die für die Wasserschildkrötenhaltung notwendige Technik nicht oder nur sehr schwer installiert werden kann. Kaufen Sie also besser nur das bloße Becken.

Wer das Glück hat, einen separaten Hobbyraum nutzen zu können, kann eine aus mehreren Becken bestehende Anlage zur Haltung von Schildkröten bauen.
Foto: A. S. Hennig

Ein handelsübliches Aquarium wurde hier mit einem nachträglich eingebauten Landteil ergänzt. Foto: A. S. Hennig

::: Aquarium und Aquaterrarium :::

Damit die Wasserschildkröten im randvoll mit Wasser gefüllten Becken nicht herausklettern können, erhielt dieses selbst geklebte Aquarium u. a. einen auf der Frontscheibe nach innen ragenden Glasstreifen. Foto: A. S. Hennig

Bevor das Aquarium oder Aquaterrarium auf einem stabilen Schrank oder in einem kräftigen Regal aufgestellt wird, sollte man dort zunächst eine weiche Unterlage anbringen. Das können beispielsweise eine preiswerte Styroporplatte vom Baumarkt oder eine handelsübliche Polysoftmatte aus der Aquaristik sein. Würde man auf eine derartige „Pufferzone" verzichten und ein Glasbecken direkt auf eine harte Schrank- oder Regalplatte stellen, könnte es im gläsernen Aquarienboden zu Materialspannungen kommen – das Glas springt, und der flüssige Beckeninhalt ergießt sich langsam, aber sicher in den Wohnraum. Um dies zu vermeiden, wird eine der erwähnten Unterlagen genutzt; in der Regel reichen dafür Matten- oder Styroporplattenstärken von etwa 5–10 mm aus. Bei Aquarien ab 150 cm Länge können für eine höhere Sicherheit auch höhere Materialstärken gewählt werden. Wird das Aquarium auf die vorbereitete Unterlage gestellt, ist zudem auf jedwede harte „Krümel" (kleine und kleinste, beim Anlagenbau anfallende Holz- und Glassplitter, Putzbröckchen, Schrauben, Nägel und dergleichen) zu achten – diese dürfen auf keinen Fall unter dem Glasboden liegen!

Wie viel Wasser in das Aquarium eingefüllt werden kann, richtet sich zum einen nach der zu pflegenden Art (ganz simpel festgehalten: gute Schwimmer = hoher Wasserstand, schlechte Schwimmer = niedriger Wasserstand mit ausreichend „Steighilfen"), zum anderen nach der gewählten Konstruktion und der Tragfähigkeit von Unterbau und Fußboden. Wird das Glasbecken mit einem Aufsatz ergänzt, kann das Wasser bis zum oberen Rand des Aquariums aufgefüllt werden. Als Aufsatz befestigt man eine auf dem Beckenrand ruhende Konstruktion (z. B. aus Holz, Metall oder Glas) stabil. Die Frontseite des Aufsatzrahmens erhält oben und unten Kunststoff-Profilschienen, die zwei Schiebescheiben führen. Verwendet werden so genannte E-Profile; sie ähneln einem auf dem Rücken liegenden „E" und erlauben es, Glasscheiben einzusetzen. Diese werden in die Profile gesetzt und können nun jeweils nach links oder rechts geschoben werden. Gegebenenfalls können noch kleine Griffe (Plastik, Glas) auf die Frontscheiben geklebt werden. Berücksichtigung müssen bei einem solchen Beckenaufsatz Öffnungen für die Terrarienbelüftung (am unteren Rand) und die -entlüftung (oben) finden, genauso wie Bohrungen für Kabel (Lampen, Heizstab, Innenfilter) sowie für Zu- und Abflussschläuche von Außenfiltern. Daneben sind noch stabile Befestigungsmöglichkeiten (Leisten/Streben, Haken etc.) für im Terrarium anzubringende Lampen einzuplanen und für die Schildkröten unerreichbar zu befestigen. Neben dem ermöglichten höheren Wasserstand bringt solch ein Aufsatz noch den Vorteil, dass innerhalb dieses geschlossenen Behälters ein stabileres „Kleinklima" herrscht und die Gefahr von Zugluft herabgesetzt wird.

Verzichtet man auf den beschriebenen Aufsatz, kann das Wasser im Aquarienbecken nur so hoch eingefüllt werden, dass die Pfleglinge nicht aus dem Behälter klettern können, wobei man deren Kletterfähigkeit nicht unterschätzen sollte.

Steht das Becken nun, geht es an die Einrichtung: Da in den **Aquarien** nur Männchen oder noch nicht geschlechtsreife Wasserschildkröten gehalten werden, dient hier ein Landteil nur als Sonnenplatz und kann daher recht schlicht und zweckmäßig gehalten werden. Der Sonnenplatz wird von den Tieren aufgesucht, um sich dort unter einem leistungsstarken Strahler aufzuwärmen. Werden geschlechtsreife, also potenziell eierlegende Weibchen gehalten, ist der Landteil aufwändiger zu gestalten, aber dazu später mehr. Die einfachste Form eines Landteils ist ein halbrundes Stück Zierkork, das waagerecht zwischen Vorder- und Rückscheibe des Aquariums geklemmt wird. Dazu sägt man den im Terraristikzubehör-Handel erhältlichen, angenehm leichtgewichtigen Kork so auf die passende Länge zurecht, dass er straff sitzend zwischen Vorder- und Rückfront eingepasst werden kann. Dieser Kork ist übrigens ein Produkt der im Mittelmeerraum wachsenden Korkeiche, deren Rinde – der Zierkork – mehrmals im Abstand von einigen Jahren geschält wird; ein nachwachsender Rohstoff also, der für unsere Zwecke beste Dienste leistet. Der Kork wird zudem so eingesetzt, dass der untere Teil weit genug ins Wasser ragt, dass die Schildkröten ihn bequem erklettern können. Wählt man ein Stück Zierkork aus, das mehr als halbrund gebogen ist, ergibt sich unter dem Sonnenplatz ein praktisches Versteck für ruhende Tiere. Dazu wird dieser Flachwasserbereich so für die Schildkröten zugänglich gemacht, dass sie ihn leicht erreichen und auch wieder ohne großen Aufwand verlassen können. Das bedeutet, dass der Kork so geschnitten sein muss, dass sich kein „Reuseneffekt" ergibt und die Tiere nicht wie in einer Sackgasse festsitzen. Solche Versteckplätze werden von Wasserschildkröten gern zum Ruhen oder Schlafen genutzt.

Alternativ zum Zierkork können beispielsweise aus dem Wasser ragende Wurzeln, kleinere Baumstämme (eher bei größeren Becken) oder Steine und Steinplatten als Sonnenplätze eingesetzt werden. In allen Fällen gilt, dass diese Einrichtungsgegenstände absolut rutschfest eingebaut werden müssen, um Unfälle zu vermeiden. Die Tiere dürfen nicht unter einen wackligen oder gar einstürzenden Turm aus lose aufgeschichteten Steinen, unter eine verrutschende und sich dann verkeilende Wurzel oder unter einen komplett ins Wasser fallenden Stamm geraten können, weil sie sich dann womöglich einklemmen und verletzen oder gar ertrinken würden. Als Wurzeln können die aus der Aquaristik bekannten Moorkienwurzeln Verwendung finden. Diese natürlichen Einrichtungsgegenstände gibt es in vielen praktischen Formen. Auch hier ist aber darauf zu achten, solche Wuchsformen zu vermeiden, bei denen die Gefahr besteht, dass sich die Schildkröten einklemmen könnten. Zu bemerken ist, dass Moorkienwurzeln durch die Huminsäure, die sie abgeben, das Wasser noch lange Zeit braun färben. Das ist an sich kein wirklicher Nachteil, denn die Wasserschildkröten stört dies nicht; viele Tiere fühlen sich im dämmerlichtigen Wasser sogar sicherer. Die Wasserbräunung stellt lediglich für den menschlichen Betrachter ein gewisses optisches Manko dar, weil seine Beobachtungsmöglichkeiten leicht eingeschränkt werden. Sollen Wurzeln und Stämme von heimischen Bäumen verwendet werden, muss beachtet werden, dass diese zu Lasten der Wasserqualität schimmeln oder verfaulen können. Natürlich werden nach Möglichkeit keine Hölzer verwendet, die zu Lebzeiten des Baumes oder danach einer chemischen Behandlung (z. B. Insektizide, Pestizide) unterzogen wurden.

Fällt die Wahl bei der Gestaltung des Landteiles bzw. Sonnenplatzes auf Steine, muss gerade bei diesem Material auf sichere Standfestigkeit geachtet werden. Im Vergleich mit den vorgenannten Materialien sind Natursteine oder Ähnliches (z. B. Ziegelsteine) deutlich schwerer. Damit erhöhen sie zwar die eigene Standfestigkeit, da kleinere Wasserschildkröten sie im Regelfall kaum verschieben können, aber die Gefahr des Verrutschens ist dennoch gegeben, wenn mehrere Steine lose übereinander geschichtet werden. Neben der Verletzungsgefahr für die Tiere kann bei umhergeschobenen Steinen auch das Glas des Aquariums zerkratzt oder beschädigt werden. Für größere Wasserschildkröten (z. B. adulte Schmuck-, Höcker-, oder Schlangenhalsschildkrötenweibchen) scheiden Steine daher als Gestaltungselement aus. Für kleinwüchsige Arten in kleineren Wasserbecken mit relativ geringem Wasserstand ist der Einsatz möglich, so z. B. bei der Pflege von Moschus- und Klappschildkröten (Gattungen *Sternotherus* und *Kinosternon*). So kann beispielsweise eine lange und schmale Natursteinplatte so installiert werden, dass deren eines Ende auf einem seitlich liegenden Ziegelstein ruht und damit aus dem Wasser ragt, während das andere Ende rutschfest unter Wasser liegt. Positiver Nebeneffekt: Der Raum unter dieser schräg liegenden Steinplatte wird von den Vertretern der eben erwähnten Gattungen gern als Versteck genutzt; durch den Rückenkontakt mit der Platte fühlen sie sich hier besonders sicher, noch gefördert durch das meist an dieser Stelle gedämpfte Licht. Um auch hier ein eventuelles Zerkratzen des Aquarienbodens zu vermeiden, können kleinflächige, dünne Korkplatten (im Baumarkt erhältlich) unter die Steinplatte gelegt werden. Es kann aber vorkommen, dass einige Schildkröten diese Korkplatten anfressen (aber nicht schlucken) und dann kleine Brocken auf der Wasseroberfläche treiben.

Eine weitere Möglichkeit zum Einbau eines Sonnenplatzes – insbesondere für semiadulte und adulte großwüchsige Exemplare – bieten mit handelsüblichem Aquariensilikon eingeklebte, ins passende Maß geschnittene Glasscheiben. Eine waagerecht installierte Scheibe ist notwendig für den eigentlichen Sonnenplatz, 1–2 weitere für die Aufstiege vom Wasser- zum Landteil. Dazu ist das glatte und durchsichtige Material noch mit einem griffigen Belag zu versehen, z. B. mit – ebenfalls mit Silikon befestigten – Korkplatten. Dünnere Platten aus Kork nutzen sich aber je nach gepflegter Wasserschildkrötenart über kurz oder lang ab und sind durch einen neuen Belag oder gleich durch dickere Korkstücke zu ersetzen.

Unabhängig von der gewählten Art des Sonnenplatzes gilt, dass sich die sonnenden Schildkröten wie in der Natur im Falle einer vermeintlichen Gefahr sofort ins tiefe Wasser stürzen können müssen.

Aquaterrarien dienen in den meisten Fällen der Unterbringung adulter Wasserschildkrötenweibchen. Verwendung finden auch hier handelsübliche Aquarien, bei größeren Wasserbecken die Maßanfertigungen spezialisierter Aquarienbaufirmen. Handwerkliches Geschick vorausgesetzt, können diese Becken auch selbst gebaut werden. Die Aquaterrarien haben neben der schon beschriebenen Sonneninsel einen mit Substrat gefüllten Landteil, auf dem die Weibchen eine Möglichkeit zur Eiablage finden. Werden großwüchsige Arten (etwa ab 20 cm Rückenpanzerlänge) gepflegt, muss der Sonnenplatz wegen des Gewichtes und der Kraft der Weibchen stabiler ausgeführt werden als für die kleineren Männchen. Dies trifft insbesondere für die häufig gepflegten Schmuck- und Höckerschildkröten aus Nordamerika zu, deren Geschlechter sich deutlich in Größe und Masse unterscheiden.

Bei diesem Landteil dient kein Glassteg als „Rampe", sondern eine fest liegende, große Wurzel. Foto: A. S. Hennig

:::Aquarium und Aquaterrarium:::

Ein großzügiger Landteil, der für die Eiablage geeignet ist, wird am besten auch mit passenden Glasscheiben gebaut, im Regelfall an einer der Stirnseiten des Aquarienbeckens. Dazu wird eine Glasplatte so zurechtgeschnitten (eventuell Glaser beauftragen), dass sie als zukünftige Bodenplatte des Landteils (die Schildkröten können so noch unter den Landteil schwimmen) so breit ist wie das Aquarienbecken. Gemeint ist hier das Innenmaß – also Aquarienbreite abzüglich Glasstärken von Vorder- und Rückscheibe minus weiterer 1–2 mm, damit sie nicht zu straff zwischen Vorder- und Rückfront liegt und somit keinen möglichen Spannungen ausgesetzt ist. Ist ein Becken beispielsweise 50 cm breit und hat das Glas vorn und hinten jeweils eine Glasstärke von 0,8 cm, ergeben sich 48,4 cm. Abzüglich weiterer 2 mm resultieren also 48,2 cm Breite für die Bodenplatte des Landteils.

Die Länge der Längsseite des Landteils ist weitestgehend frei wählbar – je nach vorhandenem Platz und gewünschter Größe. In jedem Fall sollte der Landteil einigermaßen großzügig bemessen werden, um die nach einer geeigneten Eiablagestelle suchenden Weibchen nicht zu sehr einzuschränken. In der Natur laufen die Tiere zum Vergraben der Eier teilweise Hunderte von Metern, um eine als geeignet empfundene Stelle auszuwählen. Da der von uns zur Verfügung gestellte Platz deutlich geringer ist, muss der Eiablageplatz nahezu ideal sein, damit die Weibchen ihn akzeptieren und die Eier dort vergraben. Wird der Landteil am linken oder rechten Ende des Aquaterrariums angelegt, besitzt er an drei von vier Seiten (vorn, Stirnseite, hinten) bereits Begrenzungen. Offen bleibt noch der Abschluss am Übergang zum Wasserteil: Die zuvor ermittelte Breite für die Bodenplatte wird als Maß übernommen, ergänzt um die gewünschte Höhe des Landteils – soll der Landteil beispielsweise 20 cm hoch mit Substrat aufgefüllt werden, wird dieser Wert als Höhenmaß übernommen. Ist die im o. g. Beispiel erwähnte Bodenplatte 48,2 cm breit, misst die den wasserseit-

Stabile Holzgestelle mit Leisten entsprechender Stärke können eine Anlage mit mehreren Etagen aufnehmen. Foto: A. S. Hennig

tigen Abschluss bildende Glasscheibe bei einer Substrattiefe von etwa 20 cm, also 48,2 x 20,0 cm. Mit Aquariensilikon werden die Scheiben fixiert und mögliche Spalten verfüllt, damit der Landteil später nicht versehentlich geflutet wird. Damit er von den Weibchen auch genutzt werden kann, muss natürlich auch ein entsprechender Aufstieg eingerichtet werden. Hierzu dient am besten wieder ein mit einem griffigen Belag (z. B. Kork) beklebter Glassteg.

Statt fest eingeklebter Landteile können auch wasserdichte Behälter (Blumenkästen und -töpfe oder andere stabile Kunststoffbehälter) in das Wasserbecken gestellt werden. Mit feuchtem Sand gefüllt sind sie in der Regel schwer genug, dass sie nicht unkontrolliert im Aquarienwasser umherschwimmen; gegebenenfalls müssen die Behälter mit Steinen beschwert werden. Vor allem Blumenkästen lassen sich sehr praktisch auf zwei seitlich liegende Ziegelsteine stellen (wegen der Zerkratzungsgefahr des Aquarienbodens dünne Korkplatten unter die Ziegel legen) – der so entstandene Hohlraum unter diesem Landteil wird von vielen Wasserschildkröten gern als Versteck angenommen. Solch ein Landteil kann für die Schildkröten sehr gut mit einem zwischen Front- und Rückscheibe eingeklemmten Stück Zierkork erreichbar gestaltet werden.

Zum Bau eines Landteils kann natürlich auch das Becken mit einer senkrechten Glasscheibe in zwei Bereiche geteilt werden, doch geht dadurch nutzbarer Raum unter dem Landteil verloren.

Welches Substrat sollte nun für den Landteil eingesetzt werden? Am besten eignet sich feuchter Sand, evtl. ergänzt mit etwas unbehandeltem feinen Rindenmulch oder mit ungedüngter Erde. Beides, Rindenmulch und Erde, ist jedoch für die meisten Arten nicht zwingend notwendig. Der Sand sollte nicht staubtrocken oder tropfnass sein, sondern durch die Feuchtigkeit leicht klumpigkrümelig; bei regelmäßigen Kontrollen muss gegebenenfalls nachbefeuchtet werden.

Damit der Eiablageplatz von den legewilligen Weibchen akzeptiert wird, muss er den Ansprüchen der Tiere gerecht werden. Dazu gehört neben der adäquaten Feuchte vordergründig auch eine richtige Substrattemperatur. Die Schildkröten müssen die Wahl zwischen verschiedenen Temperaturbereichen haben. Dies erreicht man am besten, wenn tagsüber ein Spotstrahler einen Teil des substratgefüllten Landteils beleuchtet und damit erwärmt. Im Zentrum des auf den Sand gerichteten Lichtkegels ist es naturgemäß am wärmsten, zum Rand hin nimmt die Wärmeintensität ab. Wird der Strahler auf eine Hälfte des Landteils gerichtet, ist das Substrat dort wärmer als in der anderen Hälfte. Die Tiere haben somit die Möglichkeit, sich ihren Vorzugsbereich für das Anlegen einer Nistgrube auszusuchen. Alternativ können eine senkrecht (!) in das Substrat gebettete Wärmematte oder ein Heizkabel genutzt werden, um verschiedene Temperaturzonen zu erreichen. Insbesondere bei Schmuckschildkröten bringt die „Strahler-Variante" aber größere Erfolge.

Literatur
BUCHERT, P. & J.-O. HECKEL (2003): Bau einer Anlage zur Haltung großer Wasserschildkröten im Zoo Landau. – DRACO 13, 4(1): 53–57.
HENNIG, A.S. (2002): Ihr Hobby Wasserschildkröten. – bede, Ruhmannsfelden, 96 S.
MEIER, E. (1997): Eiablageprobleme bei Schildkröten – ein meist hausgemachtes Problem. – REPTILIA, Münster, 2(4): 62–64.

Freilandterrarium

Freilandanlagen bieten in der Regel mehr Platz als Zimmerbecken, eine große Lichtfülle durch das Sonnenlicht, einen natürlichen Tag-Nacht-Rhythmus, mit den im Teich lebenden Wirbellosen und evtl. dort wachsenden Wasserpflanzen optimale Ergänzungen des Speisezettels, mehr Freiheiten bei der Gestaltung und insgesamt gesehen einen biotopnahen Eindruck für den menschlichen Betrachter. Aber ein ganz entscheidender und für das Gedeihen der Tiere essenziell notwendiger Faktor schneidet bei der Freilandhaltung im deutschsprachigen Europa eher schlecht ab: das Klima. So scheiden tropische Arten ohnehin für die Freilandhaltung aus. Auch wenn diese einige Zeit einen Freilandaufenthalt überstehen sollten, bedeutet dies nicht unbedingt eine optimale Haltung. Für die Freilandhaltung bei uns in Frage kommen daher in der Regel europäische und nordamerikanische Arten. In den meisten Regionen sind die Durchschnittstemperaturen einfach zu niedrig, um Wasserschildkröten langfristig erfolgreich im Freiland zu halten und auch zur Fortpflanzung zu bringen. Möglich ist nur eine saisonale Freilandhaltung in den wärmsten Sommermonaten. Nur wenige Gebiete in Deutschland liegen klimatisch so günstig, dass Wasserschildkröten, selbst nordamerikanische Arten, über die Monate Mai bis August hinaus ohne Glasüberdachung und künstliche Wärmequellen im Freien gehalten werden können. Eine Aus-

Ein sonnig gelegener, sehr gut strukturierter Schildkrötenteich, u. a. zur Haltung von *Chrysemys picta bellii* und *Emys orbicularis*. Foto: A. S. Hennig

nahme bildet hier vielleicht die Europäische Sumpfschildkröte (*Emys orbicularis*), je nach Herkunftsgebiet der gepflegten Tiere. Bei nordamerikanischen Arten und Unterarten mit einem großen Verbreitungsgebiet (sowohl mit Vorkommen in den sehr warmen Südstaaten mit milden Wintermonaten als auch im Norden mit seinen langen und strengen Wintern) besteht das Problem, dass man nicht immer zweifelsfrei weiß, woher die gepflegten Tiere stammen. Hier helfen nur genaues Beobachten und im Zweifelsfall die Haltung im Zimmer-Aquaterrarium.

Gerade die Übergangszeiten im Frühjahr und Herbst sind in Deutschland häufig lang anhaltend nass und kühl. Günstig ist daher eine geschützte Freilandhaltung. Das heißt, die Freilandanlage erhält eine Voll- oder Teilabdeckung aus Glas- oder Kunststoffplatten, die das Sonnenlicht durchlassen. Dieser Gewächshauseffekt erhöht die Temperatur deutlich und erlaubt es, die Dauer der (geschützten) Freilandhaltung zu verlängern. Gegebenenfalls sind vor Feuchtigkeit (z. B. Regen) geschützte Wärmestrahler zu installieren. Wegen möglicher Überhitzung (Sonnenstrahlen) sind Belüftungen zu berücksichtigen (Abdeckung manuell oder automatisch, am besten thermostatgesteuert, öffnen). Klassische Gewächshäuser bieten bei ähnlich guten Platzverhältnissen natürlich noch bessere Bedingungen in Bezug auf den Temperaturhaushalt. Für die Überlegungen zur Teichhaltung müssen daher in der Hauptsache vergleichende Klimafaktoren den Ausschlag geben.

Für die Haltung im Freiland geeignete Teiche liegen vollsonnig (möglichst schon ab den frühen Morgenstunden) und haben ausgeprägte, sich schnell erwärmende Flachwasserzonen. Gebäude und großwüchsige Pflanzen sollten möglichst wenig Schatten werfen. Nur so erlangt man für die Tiere eine größtmögliche Wärmeausbeute und Sonnenscheindauer. Flache Wasserbereiche mit einem Wasserstand von etwa 20 cm wärmen sich recht schnell auf und zeigen länger anhaltende hohe Temperaturen als tiefere Teichzonen. Letztere werden von den Schildkröten dennoch zur Nahrungssuche, für die Ruhezeit, aber auch zum Abkühlen genutzt. Wie in einem natürlichen Gewässer existiert also ein Temperaturgefälle: Das Wasser an der Oberfläche ist wegen der direkten Sonneneinstrahlung wärmer als das tiefere Wasser. Kommen bei der Wasserreinhaltung Filter oder Pumpen zum Einsatz, sind diese nicht an der tiefsten Stelle des Teiches zu platzieren, denn über die Zuläufe würde auf diesem Wege das kühle Wasser aus der Tiefe an die Oberfläche gepumpt und dort mit dem wärmeren Wasser vermischt. Die Temperatur des Oberflächenwassers würde dadurch gesenkt und ein negativer, nicht wünschenswerter Effekt erzielt. Wenn also Filter oder Pumpen eingesetzt werden, muss dieser Punkt beim Verlegen möglicher Zu- und Abflüsse Beachtung finden. Für einen geringen Pflegeaufwand des Wassers sollte in jedem Fall auf einen großen Wasserkörper mit geringem Schildkrötenbesatz Wert gelegt werden.

Als Baumaterial für den Schildkrötenteich eignet sich handelsübliche PVC-Teichfolie aus den Bau- und Gartenmärkten. Sie erlaubt eine relativ großzügige Planungs- und Baufreiheit mit zahlreichen Gestaltungsmöglichkeiten. Der Einsatz langlebiger Fertig-Kunststoffteiche ist auch möglich, im Vergleich mit Folie erlauben sie aber natürlich keine so flexible Gestaltung. Die Wände solcher Fertigteiche sind oft glatt, steil und nachteilig, wenn eine mangels Temperatur bzw. Aufwärmung „klamme" Wasserschildkröte an die Oberfläche gelangen möchte. Selbst gut schwimmende Schildkröten können dann ertrinken. Bei Folien dagegen können die Übergänge zum Ufer sacht ansteigen und außerdem mit flachen, rutschfest installierten Natursteinplatten o. Ä. griffiger gestaltet werden. Insgesamt betrachtet ist Teichfolie also vorteilhafter.

Auf jeden Fall ist ein Schildkrötenteich sicher zu umzäunen; es gibt immer wieder Fälle, in denen die Tiere aus ungesicherten Anlagen und Grundstücken entweichen. Für eine Umfriedung eignen sich blickdichte Materialien wie starke Holzpalisaden (ab ca. 10 cm Durchmesser, dünnere Palisaden faulen zu schnell durch), dicke Bretter oder aber auch Mauern. „Blickdicht" bedeutet, dass keine Maschendrahtzäune, Gitter, Glasscheiben oder andere die Durchsicht ermöglichende Baumaterialien verwendet werden sollten. Da die Schildkröten hindurchschauen oder sogar den Kopf durch die Maschen oder Gitterstäbe eines solchen Zaunes stecken können, werden sie immer wieder versuchen, an diesen Stellen das Freilandterrarium zu verlassen. Die Tiere erkennen diese Begrenzung nicht als unüberwindliches Hindernis. Deswegen erhalten Palisaden, Mauern etc. den Vorzug. Bei Maschendrahtzäunen besteht zudem die Gefahr, dass die Schildkröten – begünstigt durch am Rand des Freilandterrariums wachsende Pflanzen – darüberklettern könnten. In allen Fällen müssen die Materialien für die Umfriedung stabil verbaut und fest verankert werden. Andere Tiere (Hauskatzen und -hunde, Marder etc.) dürfen Holzpalisaden beispielsweise nicht durch bloßes Daraufspringen verschieben, umkippen oder beschädigen können. Idealerweise wird als oberer Abschluss eine nach innen überstehende Abdeckung gewählt. Das ist notwendig, damit sehr gut kletternde Schildkröten nicht das künstliche Hindernis überwinden können; dies trifft insbesondere auf rechtwinklige Ecken zu. Schildkröten sollten, was ihre Kletterfähigkeit betrifft, nicht unterschätzt werden!

Zur Ausstattung eines Schildkrötenteiches gehören in jedem Fall Sonnenplätze in Form sicher liegender, aus dem Wasser ragender Baumstämme, Wurzeln oder Steinplatten. Wasserschildkröten liegen weniger gern am Ufer und bevorzugen Sonnenplätze über dem tieferen Teil eines Gewässers. Hier haben die sich sonnenden Tiere die Möglichkeit, sich bei vermeintlicher Gefahr ins schützende tiefe Wasser zu stürzen. Davon machen sie auch regen Gebrauch, selbst wenn der Pfleger zur Fütterung auftaucht. Die Schildkröten tauchen zwar kurze Zeit später wieder auf und betteln möglicherweise sogar nach Futter, aber das Fluchtverhalten an sich wird im Gegensatz zur Haltung im Zimmerbecken weitaus deutlicher gezeigt. Falls mögliche Fressfeinde wie Marder oder große Vögel auftauchen, ist das natürlich sehr nützlich. Allerdings sind Marder im Regelfall nur in den Nachtstunden unterwegs, also wenn die meisten Schildkröten im Wasser schlafen, und Greifvögel konzentrieren sich hierzulande in der Regel auf Kleinsäuger und -vögel; Reiher dagegen könnten eventuell kleine Schildkröten erbeuten. Eine größere Gefahr geht von neugierigen Hunden aus, die sich aber bei guter Erziehung nicht an den Schildkröten vergreifen sollten. Natürlich sind auch Katzen neugierig, und man sollte ihre Begegnung mit den Schildkröten im Auge behalten.

:::Freilandterrarium:::

Detailansicht einer Freilandanlage. Die Pflanzen dienen für die Tiere u. a. als Versteckplatz, für den menschlichen Betrachter als optische Bereicherung. Foto: A. S. Hennig

Werden im Freilandterrarium geschlechtsreife Wasserschildkrötenweibchen gehalten, muss auf jeden Fall für einen Eiablageplatz an einer möglichst besonders sonnenverwöhnten Stelle gesorgt werden. Das Eiablagesubstrat – in der Regel angefeuchteter Sand oder ein Sand-Erde-Gemisch – wird von Bewuchs frei gehalten und gegebenenfalls etwas aufgeschüttet.

Bei einer Bepflanzung des Freilandterrariums ist zu beachten, dass viele Schildkröten (insbesondere die für eine saisonale Teichhaltung in Frage kommenden Schmuck-, Zier- und Höckerschildkröten) viele Pflanzen auf Fresstauglichkeit prüfen und tatsächlich fressen oder wenigstens zerbeißen. Betroffen sind beispielsweise Wasserpflanzen wie Hornkraut (*Ceratophyllum demersum*, *C. submersum*) und Wasserpest (*Elodea canadensis*) genauso wie Seerosen (*Nymphaea*) und Teichrosen (*Nuphar*). Großwüchsiges Schilf hat höhere Überlebenschancen. An Land werden Pflanzen nicht so gesetzt, dass sie von den Schildkröten als „Steighilfe" beim Überwinden der Teichumfriedung genutzt werden können. Giftige Pflanzen sollten natürlich ebenfalls nicht zum Einsatz kommen.

Literatur
DE SAINT-PAUL, A., I. BRAND & W. SCHMIDT (2001): Amphibien am Gartenteich. – Natur und Tier - Verlag, Münster, 104 S.
LANGER, A. (2003): Glasfaserverstärkter Kunststoff (GFK) – ein perfektes Material zum Bau von Teichen für die Freilandhaltung von Wasserschildkröten. – DRACO 13, 4(1): 25–31.
MÜLLER, M.J. (1996): Handbuch ausgewählter Klimastationen der Erde. – Universität Trier, Forschungsstelle Bodenerosion Mertesdorf, Trier, 400 S.

Bodengrund im Wasserbecken – zwingend notwendig?

Zur Haltung von Weichschildkröten ist eine hohe Schicht Sand als Bodengrund im Wasserbecken auf jeden Fall notwendig. So können sich die Tiere darin vergraben.
Foto: A. S. Hennig

Bodengrund im Wasserbecken – zwingend notwendig?

Dem Wunsch nach einem natürlichen Aussehen des heimischen Aquaterrariums folgend, wird häufig Bodengrund in Form von naturfarbenem Kies, Sand o. Ä. in das Wasserbecken eingebracht. Das bringt zweifelsohne die Vorteile, dass das Becken tatsächlich einen natürlicheren Eindruck macht und der Bodengrund den Schildkröten die Möglichkeit bietet, im Substrat nach Nahrung zu suchen. Allerdings machen nicht alle Arten davon Gebrauch, und – was besonders beachtenswert ist – der Bodengrund verbirgt mit der Zeit einen gefährlichen Cocktail aus faulenden und im fortgeschrittenen Stadium übel riechenden Futter- und Kotresten. Häufige Reinigungs- und Wasserwechselintervalle sind dann notwendig – inklusive eines mehrfachen Durchspülens, des Absaugens der Mulmschicht und eines regelmäßigen Austausches des Bodengrundes. Bei einem oder zwei zu betreuenden Becken ist dies noch relativ praktikabel und vom Aufwand her zu bewältigen. Bei einer größeren Beckenanzahl bedeutet es jedoch einen immensen Kosten- und vor allem Zeitaufwand. Auf losen Bodengrund sollte dann besser verzichtet werden. Besser eignen sich beispielsweise im Zoohandel erhältliche naturfarbene Kunststoffverkleidungen oder ganz einfach nur Teichfolie, die genauso wie die Verkleidungen mit Aquariensilikon befestigt wird. Beckenrückwände können ebenso mit den eben genannten künstlichen Verkleidungen beklebt werden. Dies sieht naturnah aus und vermeidet den Spiegeleffekt im Wasser befindlicher Glaswände. Das Spiegeln kann auch durch großflächig aufgetragenes schwarzes oder graues Aquariensilikon vermieden werden; bei schräg eingeklebten Glasscheiben, die als Aufstieg zum Landteil dienen, verhilft das breit gezogene Silikon der glatten Oberfläche zu einem griffigen Belag. Als Bodenbelag können auch dünne, flache Natursteinplatten Verwendung finden. Zwischen den Platten und auch in den schmalen Hohlräumen zwischen Platten und Glasboden können sich zwar ebenfalls Futter- und Kotreste ansammeln, doch lassen sich diese besser und schneller reinigen als Kies oder gar Sand. Bei Fehlen eines feinkörnigen Bodengrundes im Wasser können die Schildkröten zwar nicht mehr wühlend nach Nahrung suchen (so sie es denn wollten), doch bieten Versteckplätze, einige wenige größere Steine, Steinplatten, (Kunststoff-)Pflanzen, Wurzeln usw. bereits ausreichende Grundlagen für das Wohlbefinden der Tiere. Für schlecht schwimmende Arten, wie Vertreter der Moschus- und Klappschildkröten (*Sternotherus* und *Kinosternon*), kommt es in erster Linie auf einen griffigen, rauen Untergrund an. Auf diesem können sie gut laufen und sich abstoßen, wenn sie zum Atmen an die Wasseroberfläche müssen.

Eine Ausnahme in Bezug auf den Bodengrund muss jedoch Beachtung finden: Für die Haltung von Weichschildkröten ist eine hohe Schicht Sand notwendig. Hier können sich die intensiv grabenden Tiere verstecken.

> **Literatur**
> HENNIG, A.S. (2003): Zierschildkröten. – Natur und Tier - Verlag, Münster, 80 S.
> SCHILDE, M. (2001): Schlammschildkröten *Kinosternon, Sternotherus, Claudius* und *Staurotypus*. – Natur und Tier - Verlag, Münster, 136 S.
> THIEME, U. (1977): Erfahrungen mit Weichschildkröten. – Aquarien Terrarien 24(4): 137–139.

Die Bepflanzung – schön, aber auch realisierbar?

Wie schon im Kapitel „Freilandterrarium" erwähnt, verzehren manche Wasserschildkrötenarten pflanzliche Nahrung. In das Aquaterrarium eingebrachte Pflanzen werden daher innerhalb kürzester Zeit gefressen, da sie zum natürlichen Speiseplan gehören. Dies betrifft insbesondere die amerikanischen Schmuck- und Zierschildkröten, aber auch Dachschildkröten der Gattung *Kachuga* sowie verschiedene südostasiatische Sumpf- und Wasserschildkrötenarten. Selbst wenn die Pflanzen des Aquaterrariums nicht als Futter herhalten müssen, werden sie von den Schildkröten doch meist durch Ausgraben, Herausreißen, Darüberlaufen oder Zerbeißen stark beschädigt. So ist die Gestaltung eines Schildkröten-Aquaterrariums mit dekorativem Grün recht schwierig und nur dort möglich, wo die Tiere nicht herankommen. Im Aktivitätsbereich der Tiere muss daher – wenn man auf keinen Fall auf Pflanzen verzichten möchte – auf künstliches Grün zurückgegriffen werden. An lebende Kletter- und Topfpflanzen auf den Landteilen sowie an den Rück- und Seitenwänden sollten die Tiere ebenfalls nicht herankommen dürfen. Abhilfe schaffen hier sicher an den Terrarienwän-

Bepflanzungen sind meist nur bei jungen Wasserschildkröten und sich rein carnivor ernährenden kleinen Arten möglich.
Foto: A. S. Hennig

den angebrachte Pflanzbehälter. Für Hydrokultur oder als Aufsitzerpflanzen geeignete Gewächse (z. B. *Philodendron* [Baumfreund], verschiedene Farne) können an einer gestalteten Rückwand Verwendung finden; deren Wurzeln können allerdings ins Wasser ragen und damit von den Schildkröten zerbissen werden. Möglich ist auch, einen Abschnitt des Landteiles abzutrennen und diesen dann zu bepflanzen. Allerdings geht dieser Platz für eiablagewillige Weibchen verloren. Besser und außerdem sehr attraktiv ist ein im Luftraum des Terrariums befestigter Epiphytenast, also ein mit Aufsitzerpflanzen bewachsener Ast (besetzt z. B. mit Moosen der Gattung *Selaginella* und Bromelien). Der Bewuchs darf allerdings wegen der Verbrennungsgefahr nicht zu nahe an die installierten Spotstrahler geraten. Giftige Pflanzen wie beispielsweise die *Dieffenbachia* dürfen in einem Schildkrötenbehälter nicht eingesetzt werden.

Weil sie von den Schildkröten gefressen oder zerstört werden, haben Wasserpflanzen im Wasserteil so gut wie keine Chance. Lediglich bei Jungtieren und kleinen Schildkröten können sie überleben. Gerade juvenile Tiere nutzen Grünes wie Javamoos (*Vesicularia dubyana*), Hornkraut oder Wasserpest, um sich zu verstecken, darin zu schlafen oder nach Nahrung zu suchen. Algenpolster würden sie ebenso nutzen, doch sehen insbesondere Fadenalgen nicht ganz so ansehnlich aus wie die vorgenannten Pflanzen, zudem halten sie sich nicht lange in den Aquaterrarien und verfallen schnell.

> **Literatur**
> Röth, J. (1989): Pflanzen fürs Zimmer. – Neumann, Leipzig, Radebeul, 272 S.
> Schwarz, B. & W. Schwarz (2001): Bromelien, Orchideen und Farne im Tropenterrarium. – Natur und Tier - Verlag, Münster, 128 S.
> – (2003): Bepflanzung eines Epiphytenastes für das Terrarium. – REPTILIA, Münster, 8(2): 36–39.

Technik ist unverzichtbar: Beleuchtung, Heizung, Filterung

Viele Wasserschildkröten sonnen sich regelmäßig und benötigen daher bei ihrer Pflege eine möglichst naturnahe Lichtfülle sowie Wärme und damit eine gute Beleuchtung, die auf keinen Fall nur mit den zwei kleinen Leuchtstoffröhren eines handelsüblichen Aquariensets gewährleistet wird. Gerade für solche „Sonnenanbeter" wie die beliebten und häufig gehaltenen Schmuck-, Zier- und Höckerschildkröten der Gattungen *Trachemys*, *Pseudemys*, *Chrysemys* und *Graptemys*

Ganz ohne Technik und ohne Pflege geht es nicht. Dabei muss auch im Wasserteil hantiert werden. Foto: M. Schmidt

:::Technik ist unverzichtbar: Beleuchtung, Heizung, Filterung:::

Regelheizer unterschiedlicher Wattstärken
Foto: K. Kunz

sind tagsüber viel Licht und eine hohe Strahlungswärme unbedingt notwendig. Daher darf auch auf keinen Fall auf eine Heizmatte als Wärmequelle zurückgegriffen werden. Die im Aquaterrarium ohnehin nur ansatzweise nachzuahmende Licht- und Strahlungsintensität der Natur erfordert die entsprechende Technik. Nur mit leistungsfähigen Strahlern, evtl. ergänzt um Leuchtstofflampen, kann eine artgerechte Haltung erfolgen. Verwendung finden Halogen-Metalldampflampen (z. B. HQI, HDI) oder Quecksilberdampf-Hochdrucklampen (z. B. HQL, HPL; HQL-Birnen besitzen im Farbspektrum einen UV-Anteil). Besonders geeignet sind die HQI-Lampen, die es in verschiedenen Leistungsgrößen, also Watt-Stärken, gibt. Hier bietet das handelsübliche Angebot beispielsweise 70- und 150-W-HQI-Lampen. Im Handel gibt es mittlerweile auch HCI-Lampen – eine Weiterentwicklung der HQI mit höherer Lichtausbeute und farblich einheitlichem Licht über die gesamte Lebensdauer hinweg. Nach etwa zwei Jahren sollten die Brennstäbe bzw. Birnen ausgetauscht werden, da ihre Lichtausbeute nachlässt. Die Strahler müssen so über dem Sonnenplatz installiert werden, dass tagsüber im Zentrum des Lichtkegels – unmittelbar auf der Oberfläche des Sonnenplatzes gemessen – punktuell etwa 40–45 °C erreicht werden. Diese Temperatur wird aber nur lokal geboten, natürlich nicht im gesamten Aquaterrarium; die Schildkröten müssen stets die Möglichkeit haben, dieser Maximaltemperatur innerhalb des Aquaterrariums auszuweichen. Auf jeden Fall muss die Luft aber etwas wärmer als das Wasser sein.

Es ist ein wichtiger Unterschied, ob nun z. B. eine HQI-Lampe eine Beleuchtungsstärke von 120.000 Lux im Zentrum des Lichtkegels erreicht oder eine Glühbirne für maximal 300 Lux sorgt. Für sich regelmäßig sonnende Wasserschildkröten sollte der höhere Wert angestrebt werden. Für eher versteckt lebende Arten, wie aus den Reihen der Schlamm- und Moschusschildkröten (*Kinosternon* und *Sternotherus*), bei denen sich im Regelfall nur trächtige Weibchen regelmäßig sonnen, ist der Lichtbedarf nicht so hoch. Der Strahler in einem Schlammschildkröten-Becken muss nicht die gleiche Lichtfülle produzieren wie z. B. in einem

:::Technik ist unverzichtbar: Beleuchtung, Heizung, Filterung:::

Filter sind für den Betrieb des Aquaterrariums sehr nützlich. Foto: H. D. Philippen

Aquaterrarium für Zierschildkröten (*Chrysemys picta*). Möglich ist es, die verwendeten Strahler variabel zu befestigen, sodass sie sich je nach Jahreszeit in unterschiedlicher Höhe über dem Becken bzw. Sonnenplatz arretieren lassen. So können sie beispielsweise im Herbst etwas höher gehängt werden, um Schildkröten aus gemäßigten Klimaten mit der damit verbundenen Temperaturabsenkung auf den kühleren Winter

„einzustimmen". Ergänzend zum Strahler können Leuchtstofflampen eingesetzt werden. Diese erzeugen kaum Wärme, sind also auf keinen Fall ein Ersatz für Strahler. Die Lichtintensität der Leuchtstofflampen (umgangssprachlich auch als „Neonröhren" bezeichnet) kann durch ein darüber angebrachtes, handelsübliches Reflektorblech verbessert werden. Empfehlenswert sind dem Tageslicht nahe kommende Bautypen (ihre Bezeichnungen sind bei den verschiedenen Herstellern unterschiedlich). Entscheidet man sich für Leuchtstoffröhren mit UV-Anteil, sollte beachtet werden, dass sie zum einen nur eine beschränkte Lebensdauer hinsichtlich der UV-Abgabe besitzen, zum anderen ihre Installation maximal 30 cm über dem Wasserbecken bzw. Sonnenplatz erfolgen sollte. Bei größerem Abstand erreicht die ultraviolette Strahlung nicht die Tiere. Besser als Leuchtstoffröhren mit UV-Anteil sind UV-Strahler. Bewährt hat sich hier z. B. der UV-Strahler „Ultra Vitalux" von der Firma Osram (300 W), der jedoch nur stundenweise im Abstand von 1 m zur vorhandenen Beleuchtung zugeschaltet werden kann.

Für eine Beheizung des Wassers eignen sich die handelsüblichen Aquarienheizstäbe am besten. Praktisch sind solche Bautypen, deren Heizleistung direkt regelbar ist. Das heißt, diese Heizer besitzen Einstellmechanismen (jeweils über ein kleines Rädchen regelbar), mit denen die gewünschte Temperatur voreinstellbar ist. Wird z. B. eine Wassertemperatur von tagsüber 25 °C gewünscht, wird der Heizstab auf diesen Wert eingestellt. In Kombination mit einer Zeitschaltuhr, die die Wärmequelle beispielsweise von morgens 8.00 Uhr bis abends 18.00 Uhr mit dem Stromkreislauf verbindet, wird die gewünschte Tagestemperatur des Wassers erreicht. Heizstäbe und ihre Stromkabel sind so zu installieren, dass sie nicht von den Wasserschildkröten beschädigt werden können (durch Zerbeißen des Kabels oder dünner Heizelemente, Beschädigung des Stromkabels durch die Krallen, Zerspringen des Heizstab-Glasmantels durch daran stoßende Schildkrötenpanzer). Für Heizstäbe gibt es beispielsweise handelsübliche Schutzkörbe; Kabel können in dünnen Plastikrohren verlegt werden. Es könnte sonst zu Verletzungen der Tiere oder gar des Pflegers (Stromschlag) kommen. Insbesondere bei großwüchsigen Wasserschildkröten wie Schmuck-, Weich- oder Schnappschildkröten ist diesem Aspekt besondere Beachtung zu schenken, aber auch kleinere Arten mit kräftigen Kiefern (Schlamm-, Moschus-, Großkopfschildkröten) könnten Kabel beschädigen. Vor einem Wasserwechsel werden die Heizstäbe natürlich ausgeschaltet und erst wieder nach dem Auffüllen der Wasserbehälter angeschaltet. Läuft ein Heizstab im trockenen Zustand und wird dann in das Wasser getaucht, kann es zur Beschädigung des Heizers kommen; entweder bricht der Glasmantel gleich oder er bekommt zunächst nur einen Sprung, der sich jedoch beim fortführenden Einsatz bald durch zischende Geräusche und verdampfendes Wasser bemerkbar macht. Solche Heizstäbe sind sofort zu entsorgen.

Wasserfilter stehen in Form von Innen- und Außenfiltern zur Verfügung. Sie verringern die Zahl der Schwebeteilchen in den Wasserbecken. Wegen der starken Verunreinigung durch die Schildkröten (insbesondere Kot, Futterreste) reicht die Filterleistung im Regelfall nicht aus, um eine Wasserqualität wie in Zierfischaquarien zu erreichen.

Daher sind die preiswerten, kleineren Innenfilter weniger gut geeignet. Praktisch sind größere Außenfilter, die neben oder unter dem Aquaterrarium stehen können und über sicher angeschlossene Schlauchzu- und -abflüsse mit dem Wasserbecken verbunden sind. Außenfilter sind meist in Form von Topffiltern in Gebrauch. In ihrem Inneren lagern Filtersubstrate wie die handelsüblichen Tonröhrchen oder Schaumstoffeinlagen. Vorteilhaft ist es, recht grobes Substrat im Filter zu verwenden, da die meist größeren Schwebeteilchen wie Kotfasern oder Futterbrocken feinporiges Filtermaterial schnell verstopfen können und damit den Durchfluss beeinträchtigen. Der Filter sollte eine Umwälzleistung vom mindestens doppelten bis dreifachen Wasserbeckeninhalt pro Stunde aufweisen. Die handelsüblichen Geräte besitzen kleine Schilder oder Aufkleber, auf denen die Leistung verzeichnet ist (z. B. 600 l/h). Filter und Filtersubstrat müssen regelmäßig gereinigt werden; die Reinigungsintervalle sind abhängig von Beckengröße und Tierbesatz. Aber auch die Schläuche (Zu- und Abflüsse zum bzw. vom Wasserbecken) müssen von Zeit zu Zeit gründlich gereinigt oder erneuert werden: Auf ihren Innenseiten bleibt Schmutz haften und es wachsen Algen; beides verringert den Wasserdurchfluss, und irgendwann kommt nur noch ein winziges Rinnsal hindurch.

Literatur

Ackermann, T. (2002): Planung, Bau und Einrichtung eines Wüstenterrariums. – DRACO Nr. 10, 3(2): 26–40.
Hennig, A.S. (2003): Zierschildkröten. – Natur und Tier - Verlag, Münster, 80 S.
Rauh, J. (2000): Grundlagen der Reptilienhaltung. – Natur und Tier - Verlag, Münster, 215 S.

Fast Food oder á la Carte? Die Ernährung

Wasserschildkröten müssen abwechslungsreich und hochwertig ernährt werden. Keinesfalls reichen ausschließliche Gaben von Fertigfutter (Pellets/Sticks), Säugetierfleisch (Rinderherz, Geschabtes) oder Fisch. Bieten Sie stattdessen den Tieren eine breite Palette an unterschiedlichsten lebenden Wirbellosen über Frostfutter bis hin zum so genannten Schildkrötenpudding – ein selbst herzustellendes Gelatinefutter aus verschiedensten Zutaten. Hält man sich das natürliche Nahrungsspektrum vor Augen (siehe Tabellen), erkennt man schnell, dass bei fleischfressenden Arten der Anteil wirbelloser Tiere im „Speiseplan" meist deutlich über dem von Wirbeltieren wie Säugern und Fischen liegt. Bei überwiegend pflanzenfressenden Wasserschildkröten kommt der Fütterung mit pflanzlichen Elementen natürlich eine dementsprechende Bedeutung zu. So fressen Schmuckschildkröten beispielsweise zwar den angebotenen Fisch, aber es entspricht nicht dem richtigen, natürlichen Nahrungsangebot, wenn dieser oft und regelmäßig verfüttert wird. Es ist für den Halter durchaus sehr bequem, den Schildkröten leicht beschaffbares und großes Futter wie eben Fisch, Fischfleisch, Rinderherz o. Ä. zu geben, doch erfordert die Wasserschildkrötenhaltung einen höheren Aufwand.

Lebendfutter fängt man unter Beachtung des Tier- und Artenschutzes selbst, züchtet es in eigener Obhut oder erwirbt es im spezialisierten Zoofachhandel bzw. in Futtertierzuchtbetrieben („Insektenfarmen"). Wasserflöhe, Mückenlarven, Eintagsfliegenlarven, Wasserasseln und Wasserschnecken verschafft man sich entweder in den eigenen Gartenteichen und Regenwassertonnen oder sucht andere Gewässer auf. Dabei sind jedoch unbedingt die Besitz- und Nutzungsverhältnisse zu beachten: Die meisten öffentlich zugänglichen Gewässer sind an Angler- und Aquarienvereine, Bootsverleihfirmen, Binnenfischer und andere verpachtet oder sind deren Eigentum. So ist vor

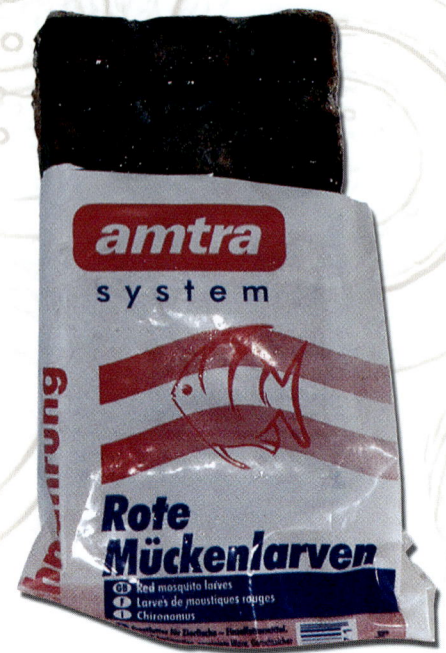

Rote Mückenlarven, im Bild eine handelsübliche Frostpackung, sind Bestandteil eines abwechslungreichen Speiseplanes.
Foto: H. - D. Philippen

dem Keschern eine Erlaubnis einzuholen. Beachtet werden muss außerdem, dass insbesondere die im Wasser lebenden Libellenlarven von geschützten Arten stammen und somit nicht gefangen werden dürfen. Laich, Larven bzw. Kaulquappen von einheimischen Amphibien werden ebenfalls nicht gesammelt und verfüttert, da auch sie unter Schutz stehen. In Gärten und auf Grünland können Regenwürmer ausgegraben, Gehäuseschnecken (keine Weinbergschnecken, da geschützt) und Kellerasseln (vor allem unter Steinen und Totholz) gesammelt werden. Gehäuseschnecken sollten vor dem Verfüttern gegebenenfalls zerdrückt werden, da nicht jede Schildkröte so starke Kiefer besitzt, um die harten Gehäuse zu knacken. In einem solchen Fall wird nur der aus dem Schneckenhaus herausragende Körperteil des Weichtieres gefressen, der Rest verbleibt im Gehäuse, stirbt ab und fault. Regenwürmer können sehr gut nach einem sommerlichen Regenschauer von den Wegen abgesammelt werden. Die roten Würmer aus dem Komposthaufen werden wegen ihres Eigengeruches nur von den wenigsten Schildkröten gefressen. Der Zoofachhandel und der Angelbedarf bieten auch Lebendfutter an: beispielsweise lebende Wasserflöhe und verschiedene Mückenlarven, Grillen, Heimchen, Heuschrecken, Mehl- und Schwarzkäferlarven (bekannt als „Mehlwürmer" bzw. *Zophobas*), Tauwürmer, Wachsmottenlarven („Wachsmaden") und tropische Schabenarten. Die landlebenden Futtertiere werden vor dem Verfüttern hochwertig und gut ernährt. Beim Verfüttern von *Zophobas* muss beachtet werden, dass diese Larven starke Mundwerkzeuge besitzen, mit denen sie kleinere Schildkröten verletzen könnten; daher sind sie nur größeren bzw. adulten Wasserschildkröten zu reichen. Man kann diese gerade genannten Futtertiere auch selbst züchten – ebenfalls mit dem Augenmerk auf eine nahrhafte, vitamin- und kalziumreiche Fütterung, denn nur richtig

Im pestizidfreien Garten gesammelte Hain- und Gartenschnirkelschnecken bereichern das Futterspektrum. Foto: A. S. Hennig

ernährte Futtertiere eignen sich auch als Nahrung für die Schildkröten. Die zu vermehrenden Wirbellosen werden also nicht einfach nur mit Essensresten versorgt. Möchte man die in der Süßwasseraquaristik erhältlichen Wasserschnecken verfüttern, bietet sich der Kontakt zu Aquarianern an, die eventuell überschüssige Gehäuseschnecken abgeben.

Nahrungsspektrum nordamerikanischer Schmuckschildkröten

(nach MARCHAND 1942, MINYARD 1947, HART 1979, PARMENTER 1980); das vielfältigste Spektrum stellen die Pflanzen dar, bei tierischer Nahrung liegt der Schwerpunkt eindeutig bei den Wirbellosen, ergänzt um wenige Wirbeltiere (bzw. bei Amphibien deren Laich) und andere Bestandteile.

Unterart	Zeitpunkt der Untersuch.	Ort der Untersuchungen	Pflanzlich
Trachemys s. scripta	Juli–Aug.	South Carolina	Algen, Kleines Fettblatt, Gräser, Nixenkraut, Duftseerose, Laichkraut, Pfeilkraut, Wasserschlauch
	Dez.–Feb.	Florida	Algen, Hornkraut, Wasserlinsen, Nixenkraut
Trachemys s. elegans	Feb.–Dez.	Louisiana	Algen, Hornkraut, Wasserpest, Wasserlinsen, Froschbiss, Tupelobaum, Sumpfzypressen, Zwergwasserlinsen
	März–Okt.	Illinois	Tausendblatt
Trachemys s. troostii	Juni–Juli	Tennessee	Algen, Großer Algenfarn, Haarnixe, Große Sumpfdotterblume, Hornkraut, Wasser- und Teichlinsen, Zwergwasserlinse, unbestimmte Samen
	Okt.–Juni	Louisiana	Algen, Laubblätter, Hornkraut, Wasserpfeffer, Wasserpest

Quellen: HART, D. R. (1979): Resource partitioning among Louisiana turtles of the genus *Chrysemys*. – Ph. D. diss., Tulane Univ., 20.
MARCHAND, L. J. (1942): A contribution to a knowledge of the natural history of certain freshwater turtles. – Master's thesis, Univ. Florida, 10, 20.

Frostfutter erlaubt eine praktische, weil unkomplizierte Vorratshaltung. Vor dem Verfüttern wird es zunächst aufgetaut. Man muss jedoch darauf achten, dass es bei Zimmertemperatur schnell verderben kann. Die Tiefkühltruhen der Zoohändler und -märkte bieten gefrostete Wirbellose an, wie beispielsweise verschiedene Arten von Mückenlarven. Fachgeschäfte mit Reptilien halten häufig gefrostete Grillen, Mäuse- und Rattenbabys bereit.

Für einen größeren Tierbestand kann die Herstellung des so genannten Schildkrötenpuddings ins Auge gefasst werden. Dieser in Gelantine gehüllte Mix aus diversen Zutaten wie Schneckenfleisch, Süßwasserfisch, Muscheln, Vitakalk, Petersilie u. a. kann, in kleine Portionen aufgeteilt, eingefroren und bei Bedarf verfüttert werden; Rezepte finden sich in diversen Publikationen (siehe Literaturhinweise und das hier aufgeführte Beispiel von HERZ).

Nahrungsbestandteile Wirbellose	Wirbeltiere	Anderes
Süßwasserschnecken, Insekten (Käfer, Mücken, Zikaden, Hummeln, Großlibellen, Kleinlibellen, Grashüpfer)	Fisch, unbest. Krallen & Knochen	Schilde von Schildkröten, Kiesel, Holz
Flusskrebse, Kleinkrebse, Groß- & Kleinlibellen		Schilde von Schildkröten
Flohkrebse, Moostierchen, Wasserflöhe, Flusskrebse, Süßwasserschnecken, Insekten (Käfer, Zweiflügler, Schnabelkerfe, Zikaden, Mücken, Libellen, Heuschrecken), Asseln, Muschelkrebse, Muscheln	Fisch	Holz
Zehnfußkrebse, Kafer, Muscheln		
Flohkrebse, Flusskrebse & Kleinkrebse, Groß- und Kleinlibellen		Organische Rückstände abgestorbener Pflanzen & Tiere
Flohkrebse, Spinnen, Flusskrebse, Insekten (Käfer, Zweiflügler, Eintagsfliegen, Schnabelkerfe, Zikaden, Mücken, Schmetterlinge, Libellen, Grashüpfer, Asseln)	Froschlaich, Wassernatter, unbestimmte Knochen	Organische Rückstände abgestorbener Pflanzen & Tiere, Papier, Wassermelone, Rinde

MINYARD, V. (1947): The food habits of the turtle *Pseudemys scripta troosti*. – Master's thesis, Tulane Univ., 12, 20.
PARMENTER, R. R. (1980): Effects of food availability and water temperature on the feeding ecology of pond sliders (*Chrysemys s. scripta*). – Copeia 1980: 503–514.

Die Zubehörindustrie stellt eine Reihe von Trockenfutterprodukten zur Verfügung, die den abwechslungsreichen Speiseplan ergänzen, aber nie als Alleinfuttermittel genutzt werden sollten. Dazu gehören Pellets, Sticks bzw. Futtertabletten wie von Vitakraft und Sera. Erfolgreich wird auch „Lundi" eingesetzt, ein Kunstfutterprodukt für Wassergeflügel. Im Zoohandel erhältlich sind getrocknete Bachflohkrebse und Garnelen. Mögliche Zugaben, insbesondere in der Phase, wenn Weibchen Eier produzieren und einen erhöhten Kalkbedarf haben, sind Sepiaschalen (auch Sepiaschulp genannt, im Zoohandel erhältlich [Vogelabteilung]) sowie Eierschalen. Verwendet man Hühnereischalen, sollten diese zunächst abgewaschen werden.

Viele Wasser- und Sumpfschildkröten fressen in der Natur pflanzliche Nahrung, meist üppig wuchernde Wasserpflanzen

:::Fast Food oder á la Carte? Die Ernährung:::

1000 g Gelatine in Pulverform
    (z. B. „Gelita Pulvergelatine 220 Bloom")
2000 g Forelle, frisch und nicht ausgenommen
500 g Oktopus, frisch oder in Dosen (dann naturell)
3 l Frischmilch mit 1,5 % Fettgehalt
500 g „Hipp Biogarten Frühmöhren" im Glas
    (Babynahrung)
700 g Seemuschelfleisch, frisch oder in Dosen
    (dann naturell)
10 Eier
800 g Meeresfrüchtemix (Frutti del mare),
    frisch oder naturell aus der Dose
400 g Shrimps frisch
200 g Garnelen
1500 g Rindergulasch
1000 g Rinderhackfleisch
200 g Bachflohkrebse (getrocknet)
2 EL Distelöl & Seealgenmehl
2 EL Multivitaminsaft (z. B. Sanostol)
2 EL Korvimin ZVT
2 große Sepiaschalen
2,5 l Wasser
100 g rote Lebensmittelfarbe

Die Gelatine wird in einen der Menge entsprechenden großen Topf geschüttet und mit 2,5 Liter Wasser zum Quellen gebracht (ca. 20 Minuten quellen lassen). Sämtliche Zutaten werden nun in einen Fleischwolf gegeben oder mit Hilfe einer Küchenmaschine zu einem Brei verrührt. Die Lebensmittelfarbe wird dem Brei zum Schluss beigegeben. Alles wird in einen Topf verbracht. Nun werden der Topf mit dem Brei und der Topf mit der Gelatine erhitzt (nicht mehr als 50 °C). Wichtig: Beide Töpfe müssen dieselbe Temperatur haben! Der Inhalt des Topfes mit der Gelatine wird in den Topf mit dem Brei geschüttet. Kräftig umrühren! Nun wird der Brei in Portionsschalen (Aluschalen oder Tupperware bzw. Plastikbehälter) gegeben. Kalt stellen und nach dem Festwerden der Masse portionieren und anschließend einfrieren. Das Rezept kann variiert werden. So kann der pflanzliche Anteil durch Zugabe von Spinat, Löwenzahn oder Ähnlichem erhöht werden. Des Weiteren kann auch Leber von Geflügel oder Kleinsäugern hinzugefügt werden. Der pflanzliche Anteil kann wegen der Bindefähigkeit der Gelatine nicht allzu hoch gewählt werden.

sende Arten wie Löwenzahn oder Wegerich. Überzählige Aquarienpflanzen ungiftiger Arten können ebenso verfüttert werden wie abgeschnittene Seerosenblätter, -stängel und -blatttriebe aus dem Gartenteich. Obst wird vor allem wegen des Zuckergehaltes nur ergänzend in geringem Maße gegeben; gereicht wird dann Beerenobst, z. B. Rote Johannisbeeren und Brombeeren.

Die Akzeptanz der verschiedenen Futtersorten ist unterschiedlich und kann von einem Tag auf den anderen schwanken. Die Tiere können Vorlieben für bestimmtes Futter zeigen, doch darf dies keinesfalls dazu verleiten, ausschließlich dieses zu geben. Arten, die sich weitestgehend von Wirbellosen sowie Pflanzlichem ernähren, werden in der Aktivitätszeit (bei Tieren aus gemäßig-

Zophobas, die Larven der ebenfalls auf Insektenfarmen gezüchteten Schwarzkäfer, sind ein mögliches Futter für größere Wasserschildkröten. Foto: A. S. Hennig

(siehe Artenporträts). Dem muss man bei Exemplaren in Menschenobhut unbedingt Rechnung tragen. Verfüttert werden daher Wasserpflanzen wie Hornkraut, Wasserpest und Wasserlinsen, aber auch an Land wachten Klimaten im Sommerhalbjahr, bei aus den Tropen stammenden Arten das ganze Jahr über) nach Möglichkeit täglich gefüttert. In der Natur sind Schildkröten – die notwendigen Temperaturen und andere klimatische Bedingungen vorausgesetzt – während der Aktivitätszeit regelmäßig damit beschäftigt, Nahrung zu suchen, deren Menge zwar variiert, aber kaum zu Fastentagen im eigentlichen Sinne führen wird. Faktoren, die dabei eine Rolle spielen, sind u. a. das Nahrungsangebot und die Anzahl der in einem Gewässer lebenden Wasserschildkröten bzw. eventueller Nahrungskonkurrenten. Schmuck- und Zierschildkröten beispielsweise bevorzugen vegetationsreiche Gewässer, in denen im Sommerhalbjahr umfangreichste Wasserpflanzenbestände existieren und daher Nahrung im Überfluss vorhanden ist. Gerade Weibchen benötigen während der Eiproduktion regelmäßig hochwertige Nahrung, Fastentage bei der Fütterung wirken sich daher nicht unbedingt förderlich auf die Tiere aus. Verabreicht man jedoch überwiegend oder ausschließlich Futter mit hohem Fettanteil, insbesondere Säugerfleisch (Rinderherz, Geschabtes usw.), Hunde- und Katzenfutter oder beschränkt sich allein auf Pellets, kann es u. a. zu Verfettungen kommen, denen nur mit einer Futterumstellung und einer Änderung des Fütterungsverhaltens zu begegnen ist.

Wirbellose wie diese Steppengrille müssen auf jeden Fall im Futterplan berücksichtigt werden. Wem es nicht behagt, diese Tiere lebend zu verfüttern: Spezialisierte Insektenzuchtfarmen bieten Grillen meist auch gefrostet an. Foto: A. S. Hennig

Literatur

DENNERT, C. (1997): Untersuchungen zur Fütterung von Schuppenechsen und Schildkröten. – Diss. Tierärztl. Hochschule Hannover, 189 S.
– (2001): Ernährung von Landschildkröten. – Natur und Tier - Verlag, Münster, 144 S.
FRIEDERICH, U. & W. VOLLAND (1998): Futtertierzucht. Lebendfutter für Vivarientiere. – Eugen Ulmer, Stuttgart, 192 S.
NIETZKE, G. (1998): Die Terrarientiere 2. – Eugen Ulmer, Stuttgart, 366 S.

Literatur zum Schildkrötenpudding

ARTNER, B. (1998): Eine neue Variante des Gelatinefutterpuddings für Wasserschildkröten. – Emys 5(3): 20–22.
HACKETHAL, U. (1998): Schildkrötenfutter – die Qual der Wahl? – J. AG Schildkröten 7(1): 21–22.
PAULER, W. & I. PAULER (2001): Schildkrötenpudding. – elaphe N.F. 9(3): 23.

Wichtig: die Überwinterung

Wasserschildkröten aus gemäßigten Klimaten, wie sie etwa in Nordamerika oder Europa herrschen, haben sich den kühlen Wintertemperaturen angepasst, indem sie in dieser Zeit eine Winterruhe (Hibernation) halten. Dazu vergraben sie sich z. B. im Gewässerboden oder verstecken sich in den Uferbereichen der Gewässer (in Nordamerika u. a. in den Bauen von Bisamratten). Ihr Organismus hat sich in der langen Zeit der Entwicklung und Anpassung auf diese Ruhephase eingestellt; nur so konnten die Schildkröten die jeweiligen Lebensräume erobern, und wir müssen bei der Haltung von Reptilien aus derartigen Gebieten auf diesen Umstand eingehen. Das ist nicht nur notwendig, um die Pfleglinge viele Jahre lang gesund zu erhalten, sondern es ist z. B. auch die Voraussetzung dafür, dass sie sich erfolgreich fortpflanzen können. Gewiss gibt es immer wieder Fälle, bei denen Schildkröten ohne eine Winterruhe mehrere Jahre am Leben bleiben – aber auf Kosten ihrer Gesundheit. Dies ist für den Betrachter nicht immer deutlich sichtbar, und der Spruch „Schildkröten sterben langsam" kann hier treffend angewendet werden. Erfahrungsgemäß scheuen sich viele Anfänger, ihre Pfleglinge für eine bestimmte Zeit „kalt zu stellen", sie also in einen kühlen Raum oder gar in den Kühlschrank zu setzen. Also verzichten sie auf eine Überwinterung – stirbt die Schildkröte nach einigen übersprungenen Ruhephasen, wird dies selten auf die vernachlässigte kühle Überwinterung zurückgeführt. Verantwortungsbewusste Wasserschildkrötenhalter beschäftigen sich im Vorfeld mit dem natürlichen Verbreitungsgebiet ihrer (zukünftigen) Pfleglinge und überwintern diese je nach Herkunft für mehrere Wochen oder Monate bei einstelligen Plusgraden in separaten Überwinterungsbehältern. Das bedeutet beim ersten Mal durchaus Überwindung, da ganz einfach die Erfahrung mit dieser Situation fehlt, aber im Sinne einer artgerechten Haltung ist dies nun einmal erforderlich. Wer sich nicht zutraut oder nicht die Möglichkeit hat, seine Hausgenossen bei Bedarf in den kühlen Keller oder in einen Kühlschrank zu setzen, wählt aus der interessanten Vielfalt an Wasserschildkröten eine tropische Art, die aufgrund ihrer Herkunft keine Winterruhe durchführt. Dazu gehören beispielsweise die Schlammschildkröten *Kinosternon cruentatum* (Rotwangen-Klappschildkröte) oder auch *K. leucostomum* (Weißmaul-Klappschildkröte); die tropischen Schmuckschildkrötenarten der Gattung *Trachemys* aus Südamerika zählen ebenso dazu.

Fiel die Wahl dennoch auf eine Wasserschildkröte, die zu den „Überwinterungskandidaten" gehört, gibt es bei einigen Arten noch das Problem, dass die gewählte Spezies eventuell ein sehr großes Verbreitungsgebiet besitzt (siehe Artenporträts) und diese Vorkommen mehrere „Klimastufen" mit unterschiedlicher Winterintensität streifen. Das betrifft beispielsweise die in Nordamerika lebenden *Chrysemys picta bellii* (Westliche Zierschildkröte) und *Trachemys scripta elegans*, die Rotwangen-Schmuckschildkröte. Für die richtige Überwinterung besteht nun das Problem, dass man nur in wenigen Fällen weiß, woher genau die erworbenen Pfleglinge tatsächlich stammen. So helfen bei der Haltung nur das genaue Beobachten und das richtige Reagieren. Eingeleitet wird die Winterruhe im Herbst, etwa Ende September, indem die Beleuchtungszeit verkürzt und die Temperaturen gesenkt werden. Die Heizstäbe werden ausgeschaltet, die Strahlungsdauer der Lampen wird über einen Zeitraum von etwa 6–8 Wochen stetig reduziert, etwa um wöchentlich je eine Stunde, um nach dieser Zeit die Beleuchtung komplett auszuschalten. Parallel dazu verringert man die Futtergaben. Anschließend werden die Tiere in einen frostfreien Raum überführt. Steht ein solcher nicht zur Verfügung, können die Schildkröten auch in einen Kühlschrank gesetzt werden. Den Kühlschrank zur Unterbringung lebender Tiere zu nutzen, die zudem nicht für den menschlichen Verzehr gedacht sind, erscheint für manche sicherlich gewöhnungsbedürftig, doch ist dieses Gerät im Prinzip nichts anderes als eine Klimabox, die über einen bestimmten Zeitraum die gewünschten Temperaturen hält und damit für diesen Abschnitt der Haltung wechselwarmer Tiere geeignet ist. Nun werden die zu überwinternden Schildkröten aber nicht einfach so im Kühlschrank bzw. im kühlen Überwinterungsraum platziert, sondern zuvor einzeln in vorbereitete Behälter gesetzt. Die Grundfläche der Behälter sollte den Tieren erlauben, sich etwas zu bewegen. Misst z. B. der Rückenpanzer einer zu überwinternden *Chrysemys picta marginata* 15 cm, sollte die Grundfläche des Überwinterungsbehälters mindestens 20 x 20 cm betragen. Praktisch sind oben offene Plastikboxen und -eimer oder kleine Glasbecken, die jeweils einen Wasserstand von 5–8 cm aufweisen. Beispielsweise für die Gewöhnliche Moschusschildkröte (*Sternotherus odoratus*) eignet sich auch die Überwinterung in mit unbehandeltem feuchten Rindenmulch gefüllten Behältern. Hier muss während der Hibernation unbedingt auf die notwendige Feuchtigkeit geachtet werden, sonst können die Schildkröten regelrecht vertrocknen. Die

Kühlschränke sind nichts weiter als eine Art „Klimabox", die es ermöglicht, über einen bestimmten Zeitraum eine bestimmte Temperatur zu halten. Ein mögliches Hilfsmittel zur Überwinterung von Schildkröten aus gemäßigten Klimaten. Foto: A. S. Hennig

:::Wichtig: die Überwinterung:::

Behälter werden abgedunkelt, z. B. mit einem darüber liegenden dunklen Handtuch. Je nach Schildkrötenart dauert es nun wenige Stunden bis mehrere Tage, bis das Tier komplett zur Ruhe gekommen ist. Die Behälter werden natürlich nicht mit einem Deckel luftdicht abgeschlossen. Der Sauerstoffbedarf der bei niedrigen Temperaturen ruhenden Schildkröten ist zwar außerordentlich gering, aber trotzdem dürfen die Tiere nicht ohne Luftzufuhr gehältert werden. Wurden die Tiere im Kühlschrank untergebracht, wird ein- bis zweimal pro Woche ein „Kontrollblick" auf die Schildkröten geworfen. Die dabei durch das Öffnen der Kühlschranktür einfallende Frischluft reicht in der Regel für einen Luftaustausch aus. Die Pfleglinge werden bei einer solchen Kontrolle – ohne sie zu berühren – betrachtet, um eventuelle Auffälligkeiten festzustellen, insbesondere Krankheitserscheinungen. Nur wenn sie augenscheinlich erkrankt sind, werden sie überaus vorsichtig und mit sehr ruhigen Bewegungen hochgehoben, um sie etwas intensiver zu untersuchen. Das Wasser in den Überwinterungsbehältern wird während der Ruhezeit nicht gewechselt, auch gefüttert wird in dieser Zeit nicht. Zur Vorbeugung von möglichen Verpilzungen geben manche Schildkrötenhalter einen Teebeutel ungekochten Schwarzen Tee in das Wasser. Gute Erfahrungen habe ich mit in den Teich gefallenem Laub gemacht, das ich kurz vor der Winterruhe heraus fische und in die wassergefüllten Überwinterungsbehälter lege. Die Gerbstoffe der Blätter ließen keine Verpilzungen zu; es ist jedoch darauf zu achten, dass das Laub nicht fault. Angenehmer Nebeneffekt: Die Blätter dienen als praktischer „Schlammersatz", in den sich die Schildkröten gern „eingraben".

Zum Beenden der Ruhephase werden die Behälter mit den Tieren in einen Raum mit Zimmertemperatur gestellt; dunkle Abdeckungen entfernt man, sodass die Reptilien das Tageslicht wahrnehmen können. Meist werden die Schildkröten innerhalb von wenigen Stunden wieder aktiv, und Sie können sie in die vorbereiteten Aquaterrarien setzen. Steigern Sie nun wieder über die nächsten Wochen hinweg Beleuchtungsintensität und Wärme. Zweckmäßig ist es in jedem Fall, sich in Vorbereitung zur Überwinterung mit dem Klima im natürlichen Verbreitungsgebiet der Schildkröten auseinanderzusetzen, um einen möglichst naturnahen Rhythmus zu bieten.

Es gibt auch das „umgekehrte Phänomen" zur Winterruhe – die Sommer- oder Trockenruhe. In diese fallen Süßwasserschildkröten, wenn ihre Heimatgewässer durch große Hitze und länger währende regenfreie Perioden (z. B. Trockenzeit) austrocknen. Bestes Beispiel sind die des Öfteren im Zoohandel erhältlichen Pelomedusenschildkröten aus Afrika. Bei der Haltung in Menschenobhut kann es vorkommen, dass sie sich komplett im Substrat des Landteils eingraben und dort für mehrere Wochen oder gar Monate verharren.

Literatur
BIDMON, H.-J. (2001): Regulation der Ruhephasen bei Schildkröten: Was ist bekannt und welche Konsequenzen ergeben sich für die erfolgreiche Haltung? – Radiata 10(4): 3–19.
SCHILDE, M. (2001): Schlammschildkröten. *Kinosternon, Sternotherus, Claudius* und *Staurotypus*. – Natur und Tier - Verlag, Münster, 136 S.
THIERFELDT, S. & S. HÖFLER-THIERFELDT (2002): Überwinterung von Schildkröten im Kühlschrank. – Radiata 11(4): 42–44.

Vorbeugen ist besser, aber im Fall der Fälle: Krankheiten und Verletzungen

Wie andere Tiere auch können Wasserschildkröten erkranken oder sich verletzen. In jedem Fall sollte ein Tierarzt, der unbedingt reptilienkundig sein muss, zu Rate gezogen werden. Gleichzeitig überprüft man die Haltungsbedingungen. Letzteres ist notwendig, da die Ursachen vieler Krankheitsfälle in Fehlern bei der Haltung zu finden sind. Das betrifft beispielsweise eine Erkältung, wenn Wasserschildkröten frei auf dem zugigen Zimmerfußboden laufen, oder auch die Legenot, wenn trächtigen Weibchen kein optimaler Landteil zur Verfügung steht und es dadurch Probleme mit der Eiablage gibt. Eine erkrankte Wasserschildkröte sollte sogleich einzeln untergebracht werden, um zum einen den Krankheitsverlauf besser beobachten und die Nahrungsaufnahme genau kontrollieren zu können und möglichen, die Heilung erschwerenden Stress bei einer Vergesellschaftung mit anderen Schildkröten zu vermeiden. Denn gerade Stress schwächt das betroffene Tier und ist damit häufig der Auslöser für Erkrankungen, die bei einer gesunden, nicht unter Stress stehenden Wasserschildkröte nie ausbrechen würden. Ist für die Diagnose eine Kotprobe notwendig, kann diese bei einer Einzelhaltung zweifelsfrei dem erkrankten Tier zugeordnet und untersucht werden. Dass ein reptilienerfahrener Veterinär aufgesucht werden sollte, liegt darin begründet, dass sich die Krankheitsbilder und -verläufe bei Reptilien z. T. deutlich von Säugetieren unterscheiden können und demnach spezifische Behandlungen notwendig sind. Zur Vorstellung beim Tierarzt werden der deutsche und der wissenschaftliche Name des Tieres genannt (z. B. Rotwangen-Schmuckschildkröte, *Trachemys scripta elegans*), das Geschlecht der Schildkröte angegeben (soweit bekannt), die Herkunft benannt (als Baby im Zoohandel erworben, beim Spaziergang gefunden usw.), kurz die Haltung beschrieben (Temperaturbereiche, Futter u. Ä.) und der Krankheitsverlauf geschildert.

Im Folgenden werden einige häufige Erkrankungen und ihre möglichen Ursachen kurz vorgestellt.

Nekrose am Bauchpanzer einer Südlichen Zierschildkröte Foto: A. S. Hennig

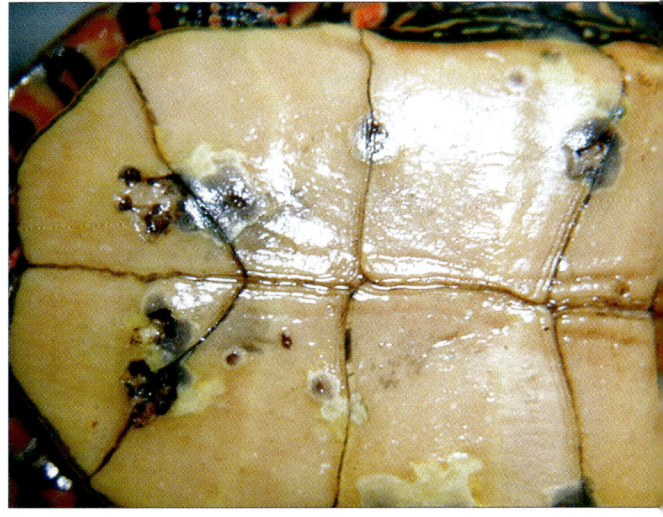

Krankheiten und Verletzungen

Haut- und Panzernekrosen:

Nekrosen (abgestorbenes Gewebe) erkennt man als weißlich gelbe pünktchenartige, im schlechteren Fall schon flächige Beläge auf Haut und/oder Panzer. Wird die obere Schicht vorsichtig abgekratzt, kommt darunter eine nässende, helle bis rotbraune Wunde zum Vorschein. Wirkt der Befall schon über einen längeren Zeitraum, befällt eine Panzernekrose bereits massiv das Knochengewebe; die betroffenen Stellen sind „bröselig". Befinden sich die nekrotischen Flecken am Nagelbett der Krallen, kann es je nach Befall zum Verlust einzelner oder mehrerer Krallen kommen. Nekrosen sind Resultat einer Mischinfektion aus Bakterien und Pilzen, deren schädigende Wirkung mit Verletzungen oder Stressreaktionen der Schildkröten beginnt. Auslösende Verletzungen können beispielsweise entstehen, wenn eine Schildkröte mit dem Panzer an einen scharfen Stein gerät oder beim Sprung ins Wasser an eine harte Kante stößt. Für ungeübte Augen kann es auch wie eine Panzernekrose aussehen, wenn sich unter den durch das normale Wachstum ablösenden Schildplatten Lufteinschlüsse bilden. Diese glänzen in der Regel silbrig und lassen sich nicht einfach mit dem Fingernagel abkratzen. Sie verschwinden, wenn sich der betreffende Schild gelöst und einem darunter nachgewachsenen Platz gemacht hat.

Erkältung/Lungenentzündung:

Eine Erkältung, im fortgeschrittenen Stadium auch eine Lungenentzündung, erkennt man an tränenden Augen, pfeifenden Atemgeräuschen und Offenhalten des Mauls. Außerdem läuft Schleim aus Nase und Maul, und die Schildkröte schwimmt schief im Wasser, hat Tauchprobleme und hält sich häufiger an Land auf. Die Ursache ist oft in falschen Temperaturbedingungen zu suchen, z. B. wenn die Luft im Aquaterrarium dauerhaft kühler als das Wasser ist. Das passiert beispielsweise, wenn das Wasser 24 h lang geheizt wird, die Lufttemperatur aber kaum über die Zimmerwerte hinausgeht, weil statt des notwendigen Strahlers lediglich ein Aquariendeckel mit kaum Wärme abgebenden Leuchtstofflampen installiert wurde. Die Schildkröten schwimmen im warmen Wasser, atmen aber kühle Luft ein, meist in Verbindung mit sehr hoher Luftfeuchtigkeit und fehlender Möglichkeit, eine hohe Körpertemperatur zu erreichen, was für die Tiere aber unbedingt notwendig ist. Eine andere Ursache kann Zugluft sein – im Aquaterrarium oder evtl. während eines notwendigen Transportes. Einem kühlen Luftstrom sind die Wasserschildkröten ebenfalls ausgesetzt, wenn sie Freilauf im Zimmer haben. Daher ist auf solche „Ausflüge" zu verzichten; sie sind zudem überhaupt nicht notwendig. Auf den Zimmerfußböden herrscht stets ein feiner Luftzug, den wir Menschen nicht immer spüren, der jedoch negative Folgen für die Schildkröten hat.

Rachitis

Rachitis, die Knochenerweichung, ist zu erkennen an einem verformten, weichen, bei Druck nachgebenden Panzer. Doch nicht nur die Knochenplatten des Panzers, sondern auch alle anderen Teile des Knochenbaus sind dann davon betroffen. Bestand-

:::Krankheiten und Verletzungen:::

teile des Skeletts können dadurch verformt werden, und selbst bei wieder genesenden Schildkröten kommt es zu Folgeschäden, beispielsweise in Form zu eng stehender Beckenknochen, was bei Eier produzierenden Weibchen zu Ablageproblemen führen kann, da die legereifen Eier nicht mehr durch das Becken passen. Ursache ist ein starker Kalziummangel in Folge falscher, kalziumarmer Ernährung.

Abszesse und Geschwüre

Verletzungen, insbesondere nach Beißereien, können sich infizieren und dann anschwellen. Die Wölbung ist deutlich sichtbar und man fühlt bei leichtem Druck mit dem Finger eine Verhärtung. Im fortgeschrittenen Stadium von Abszessen an den Beinen kann die Haut durch das Aufwölben so straff werden, dass ihre feingliedrige, schuppenartige Oberflächenstruktur vollkommen glatt gespannt ist. Ein solches Geschwür unter der Haut ist eine durch Infektion entstandene, abgekapselte Mischung aus Eiter und Gewebe. Wird diese „Beule" vom Tierarzt geöffnet, oder die Schildkröte reißt sie aus Versehen auf, laufen der Eiter und gegebenenfalls auch eine wässrige Flüssigkeit aus und hinterlassen eine Art Hauttasche. Diese Hautpartie muss nun verheilen, und es darf in dieser Zeit kein Schmutz(wasser) hineingelangen. Daher ist das betroffene Tier im Verlauf der Heilung unbedingt in einem separaten Behälter mit stets sehr sauberem Wasser zu halten. Ähnliche Erscheinungen treten bei einer Mittelohrentzündung auf: Mit einhergehender Eiterbildung kommt es zur deutlich sichtbaren Anschwellungen an den Kopfseiten (je nach betroffenem Mittelohr).

Vitamin-A-Mangel

Findet man an den Augen – gut sichtbar zwischen Hornhaut und Augenlidern – eine käsige, helle Masse, und sind die Augen geschlossen und treten angeschwollen hervor, kann ein Vitamin-A-Mangel die Ursache sein. Diese Hypovitaminose A entsteht bei einseitiger Ernährung mit Futtermitteln, die kein oder kaum Vitamin A besitzen. Sie ist eine Mangelerscheinung, die nicht nur wie beschrieben äußerlich sichtbar sein kann, sondern auch nachteilige Folgen für verschiedene innere Organe und eine allgemeine Verschlechterung des Allgemeinzustandes mit sich bringt.

Vitamin-A-Überversorgung

Bei einer Überversorgung mit Vitamin A – man spricht von einer Hypervitaminose A – löst sich die Haut blasenartig in großen Stücken ab. Dieser Effekt ist jedoch nicht mit dem normalen, dem Wachstum geschuldeten Ablösen sehr dünner, alter und weißlich pergamentartiger Hautfetzen zu verwechseln. Beim wachstumsbedingten Häuten kommt unter der abgestoßenen Haut eine neue, helle hervor; bei der Hypervitaminose A kann sich die Haut „bis auf's Fleisch" abpellen. Die Ursache liegt in den meisten Fällen in Injektionen zu hoher Dosen dieses Vitamins, seltener in der Überversorgung mit Vitamin A über das Futter.

Legenot

Findet ein trächtiges Weibchen keinen ihm zusagenden Eiablageplatz oder hat es wegen mangelhafter Ernährung und fehlender

:::Krankheiten und Verletzungen:::

Medikamente werden oft problemlos genommen, wenn man sie in eine Banane einarbeitet. Foto: M. Schmidt

Wärme keine Kondition für die Kräfte zehrende Eiablage, kann es zur Legenot kommen. Das Tier läuft tage- oder wochenlang auf dem Landteil und dem Sonnenplatz umher. In der Zwischenzeit können weitere Follikel im Körper zur Legereife heranwachsen und eine Eischale ausbilden, ohne dass die älteren, schon seit einiger Zeit fertig entwickelten Eier abgelegt wurden. Die älteren, legereifen Eier bilden immer dicker verkalkte Eischalen aus und können somit auch zu groß für das Ablegen werden. So sammeln sich im Körper immer mehr Eier an.

Verletzungen

In Folge von Beißereien oder Unfällen kann es zu Verletzungen kommen. Offene Wunden, Knochen- und Panzerbrüche müssen ebenso wie Erkrankungen rechtzeitig erkannt und umgehend behandelt werden. Ist ein Bein oder ein Fuß gebrochen, hält das Tier die betroffene Extremität ruhig und setzt sie beim Schwimmen nicht aktiv ein, eventuell sitzt die Schildkröte auch nur noch auf dem Landteil. Die verletzte Stelle kann anschwellen. Exemplare mit offenen Verletzungen müssen so lange einzeln gehalten werden, bis die Wunde vollständig verheilt ist und die neu gewachsene Haut die ursprüngliche Färbung wieder angenommen hat. Ansonsten beißen neugierige Schildkröten immer wieder in die verheilende, noch rosa bis weißlich gefärbte Stelle. Neben dem permanenten Stress für die gebissene Wasserschildkröte bedeutet dies natürlich, dass die Wunde dann nie richtig verheilen kann.

Männchen stülpen von Zeit zu Zeit ihren Penis aus, auch ohne dass ein paarungsbereites Weibchen anwesend wäre. Andere Schildkröten können dann hineinbeißen. Im noch glimpflichen Fall schwillt das Fortpflanzungsorgan nur an und kann vom Pfleger unter laufendem kühlen Wasser wieder zurückmassiert werden. Schlimmster Effekt bei einer solchen schmerzhaften Bissverletzung sind ein schlechter Heilungsprozess des empfindlichen Organs mit anschließendem Tod des Männchens oder das Abtrennen des Penis. Zu solchen Verletzungen kann es auch kommen, wenn ein Männchen mit einem paarungsbereiten Weibchen kopulieren möchte und eine andere Schildkröte genau dann zubeißt. Daher bei Paarungsversuchen immer nur ein einzelnes ausgewähltes Weibchen zum Männchen in das Becken setzen – keine weiteren Schildkröten! Ein Schildkrötenpenis ist im Verhältnis zur Körpergröße recht groß, und unerfahrene Halter, die zum ersten Mal dieses Organ im ausgestülpten Zustand sehen, denken oft spontan an einen Darmvorfall. Das Ausstülpen ist ein normaler Vorgang, den die männlichen Wasserschildkröten immer wieder zeigen.

Parasiten

Innenparasiten (Endoparasiten) wie Würmer und Einzeller werden – wie in der Natur – immer in Wasserschildkröten zu finden sein. Solange solche Parasiten in allgemein gesunden und aufgrund richtiger Haltung gut konditionierten Tieren vorkommen, werden sie keine schädigende Wirkung entfalten können. Erst bei einem übermäßigen Befall (Klärung z. B. bei Kotuntersuchung) sollte eingeschritten werden. Außenparasiten (Ektoparasiten) dürften, wenn überhaupt, bei in Menschenobhut gehaltenen Wasserschildkröten hauptsächlich bei Exemplaren im Freilandterrarium zu finden sein. Möglich ist der Befall mit Zecken (Holzböcke). Als einheimischer Egel kommt nur der Schildkrötenegel in Frage, der sich von Schildkrötenblut ernährt. In Deutschland ist die Art jedoch relativ selten; etwas größer ist da die Möglichkeit, dass importierte Wildfänge von Wasserschildkröten Egel „mitbringen". Die Teiche in unseren Freilandterrarien beherbergen meist die für Schildkröten ungefährlichen Hundeegel.

Tod

Zweckmäßig ist es, altersbedingt oder in Folge schwerer Erkrankungen bzw. Verletzungen verendete Tiere einem naturkundlich ausgerichteten Museum anzubieten, erst recht, wenn es sich um Exemplare mit bekanntem Fundort handelt. Das tote Tier wird so schnell wie möglich mit den Angaben zu Herkunft, Alter und natürlich der genauen wissenschaftlichen Artbezeichnung weitergegeben. Muss man es ein paar Wochen oder gar Monate lagern, ist das Einfrieren des Kadavers sicherlich die schnellste und einfachste Variante der Konservierung.

Literatur
KÖHLER, G. (1992): Die Bedeutung von *Entamoeba invadens* bei der Vergesellschaftung von Echsen oder Schlangen mit Schildkröten. – Sauria 14(4): 31–34.
– (1996): Krankheiten der Amphibien und Reptilien. – Eugen Ulmer, Stuttgart, 168 S.
SASSENBURG, L. (2000): Schildkrötenkrankheiten. – bede, Ruhmannsfelden, 96 S.

Nachzucht von Wasserschildkröten

Interessant und spannend: Paarung und Eiablage

Wie bereits erwähnt, sind männliche Wasserschildkröten meist überaus paarungsaktiv. Sie verfolgen die Weibchen ausdauernd und aufdringlich, balzen sie an oder versuchen gleich aufzureiten. Auf Dauer bedeutet dies massiven Stress für die Geschlechtspartnerinnen. Daher werden Männchen und Weibchen getrennt gehalten und nur zu Paarungsversuchen vergesellschaftet. Auch kann es sonst zu einer so genannten Reizüberflutung kommen, die wiederum dafür sorgt, dass es zu gar keinen Paarungsversuchen mehr kommt. Das heißt, dass ständig gemeinsam in einem Becken gehaltene Tiere beiderlei Geschlechts nicht mehr auf die vom potenziellen Partner abgegebenen Geruchsstoffe reagieren und damit der Reiz für eine Paarung stark minimiert wird. Zur Verpaarung ist es zweckmäßig, das Weibchen in das Becken des Männchens zu setzen. Denn in der neuen Umgebung ist es dann zunächst noch etwas zurückhaltend und verunsichert; das Weibchen muss sich außerhalb des vertrauten Umfeldes neu orientieren, und das im vertrauten Revier agierende Männchen kann „seine Chance nutzen", um eine erfolgreiche Kopulation einzuleiten. Nach der Kontaktaufnahme startet es bei einigen Wasserschildkrötenarten zunächst ein ausgeprägtes und durchaus anmutiges Balzspiel, so u. a. bei den nordamerikanischen Schmuck-

Männliche Dach-Moschusschildkröten (*Sternotherus carinatus*) reiten in der Regel überfallartig auf das Weibchen auf. Foto: A. S. Hennig

und Zierschildkröten. Lässt sich das Weibchen auf das Werben ein, kommt es im Anschluss an die Balz zur Paarung. Andere Arten stellen der Kopulation jedoch kein ausgeprägtes Werbeverhalten voran. Hier kommt es nach der Kontaktaufnahme recht schnell zu einem überfallartigen Aufreiten, so beispielsweise bei den Moschusschildkröten. Aber nicht immer kann man die Paarung selbst beobachten – sei es, weil sich das Männchen einfach viel Zeit lässt, oder weil das Weibchen zunächst nicht auf die Balz reagiert und den Partner vielleicht sogar zunächst verbeißt. Beobachtet man keine ausgeprägte Aggressivität sowie kein häufiges und heftiges Beißen der potenziellen Partner, können die beiden Schildkröten einige Tage gemeinsam in einem Becken bleiben, um die Chance des erfolgreichen Verpaarens zu erhöhen. Während dieser Zeit muss allerdings darauf geachtet werden, dass es nicht zu Verletzungen kommt. Gegebenenfalls sollte der Paarungsversuch abgebrochen und zu einem späteren Zeitpunkt wiederholt werden.

Wurden die Geschlechter nach den Paarungen wieder getrennt, wird den Weibchen ein optimaler Landteil für die Eiablage geboten (siehe Kapitel „Die drei Möglichkeiten: Aquarium, Aquaterrarium, Freilandterrarium"), und auf die hochwertige Ernährung wird nun besonders geachtet. Die Eier produzierenden Weibchen verbrauchen und benötigen viel Energie. Aber es muss nicht nur ausreichend gute Nahrung gewährleistet sein, sondern auch eine lokal angebotene „Wärmeinsel". Bei sich regelmäßig sonnenden Wasserschildkröten muss ohnehin ein Sonnenplatz vorhanden sein, der in der Aktivitätszeit täglich aufgesucht wird. Doch auch Schildkrötenweibchen, die

Kopulation von *Chelodina mccordi*.
Foto: A. S. Hennig

sich sonst nicht aktiv sonnen und eher versteckt leben, haben während der Trächtigkeit einen erhöhten Wärmebedarf und platzieren sich unter einem Strahler. Dazu gehören u. a. die Schlamm- und Moschusschildkröten der Gattungen *Kinosternon* und *Sternotherus*.

Hat ein Weibchen einen ihm zusagenden Platz zur Eiablage gefunden, beginnt es mit dem Ausheben einer Nistgrube. Dies geschieht häufig in den dämmrigen Abendstunden oder gar in der Nacht. Beobachtet man das Weibchen beim Anlegen der Grube, sollte dies für das Tier so unbemerkt wie möglich erfolgen. Ansonsten könnte es passieren, dass es durch diese Störung das Graben abbricht. Wurde ein Gelege vergraben, legt man es unter größter Vorsicht frei. Hart beschalte Eier können eine unvorsichtige und schnelle Grabebewegung der Hand evtl. noch verzeihen, doch gerade weichschalige Eier, wie die von Schmuckschildkröten, sind

Was tun mit den Eiern? Die Inkubation

Zwei Chinesische Sumpfschildkröten (*Mauremys mutica mutica*) bei der Suche nach einem Eiablageplatz. Foto: A. S. Hennig

Kam es zur Eiablage, wird das Gelege am besten in einen vorbereiteten Brutapparat überführt. Es ist nicht ratsam, die Eier an Ort und Stelle im Landteil zu belassen, da sonst die Gefahr besteht, dass das Weibchen oder eine „Mitbewohnerin" genau denselben Platz zum Anlegen einer neuen Nistgrube nutzen und dabei die bereits dort vergrabenen Eier beschädigt. Die Eier werden vorsichtig von anhaftendem Substrat (meist Sand) gereinigt, z. B. mit einem kleinen Pinsel. Wer sich intensiver mit Schildkröten beschäftigen möchte, ermittelt Anzahl, Größe, Breite sowie Gewicht der Eier und notiert sich die Werte. Sie können später für Auswertungen mit eigenen oder auch mit den Angaben anderer Schildkrötenhalter genutzt und in Veröffentlichungen weitergegeben werden. Die Eier werden auf ihrer Oberseite mit einem weichen Bleistift markiert – entweder mit einem schlichten Kreuzchen oder besser mit dem Ablagedatum inklusive einer Kennung für das Muttertier (wenn man mehrere eierlegende Weibchen hält). Neben der genauen Zuordnung der Eier hat die Markierung den Vorteil, dass versehentlich gedrehte Eier, beispielsweise durch einen über die Eier laufenden Schlüpfling, rasch wieder in ihre ursprüngliche Position gewendet werden können.

Die Eier werden nun in einen mit Brutsubstrat gefüllten Pastikbehälter gebettet, beispielsweise Futtertierboxen („Grillendosen") oder Haushaltsdosen. Als Brutsubstrat hat sich das im Zoofachhandel erhältliche Vermiculit als im Regelfall zweckmäßig erwiesen (Vermiculit anfeuchten und durch sanften Druck überschüssiges Wasser her-

dann schnell beschädigt. Also sollten das Ausgraben und das Bergen der Eier langsam und vorsichtig erfolgen. Lagen die Eier bereits einige Stunden, dürfen sie nicht mehr um ihre Längsachse gedreht werden, denn die im Ei auf dem Dotter liegende Keimscheibe würde sonst absterben. Spätestens, wenn sich auf der oben liegenden Seite des Eis ein weißer Punkt gebildet hat, dürfen die Eier auf keinen Fall mehr gedreht werden, da sie sonst Schaden nehmen. Der weiße Punkt zieht sich in den ersten Tagen wie eine Zigarrenbanderole um die Längsseite des Eis; man spricht hierbei von der „Binde". Diese ist ein sicheres Zeichen dafür, dass das betreffende Ei befruchtet ist. Bei Schmuckschildkröteneiern ist die Binde nicht so markant, hier kann sich die gesamte Eioberseite cremeweiß verfärben.

auspressen, dabei den Eibehälter ankippen). Als künstliches Substrat gibt es noch Perlit; das Pflanzgranulat Seramis oder Schaumstoffwürfel wurden auch mit Erfolg genutzt. An natürlichen Materialien kamen schon Moos und Sand zum Einsatz. Alle Substrate muss man mit Wasser anfeuchten, um den Eiern während der Brutzeit Feuchtigkeit zuzuführen. Dabei ist zu beachten, dass weichschalige Eier mehr Feuchtigkeit fordern als hartschalige. Ist sie zu niedrig, fällt das weichschalige Ei ein, und der darin befindliche Embryo kann absterben. Bei einer zu hohen Substratfeuchte dagegen wird zu viel Wasser aufgenommen, und das Ei wird prall und kann aufplatzen; die kleine und noch schwache Schildkröte schlüpft dann viel zu zeitig oder stirbt. Wichtig ist, dass die mit Brutsubstrat gefüllten Plastikbehälter am unteren Bereich der Seiten kleine Löcher erhalten. Hier kann aus der hohen Luftfeuchtigkeit aufgenommenes, überschüssiges Wasser ablaufen; sorgt man nicht für den Ablauf des Wassers, „schwimmen" die Eier im Extremfall, statt im nur feuchten Substrat zu liegen.

Inkubatoren kann man, muss man aber nicht kaufen: Ein Selbstbau ist relativ problemlos möglich: Als „Basis" dient ein Glasbecken (z. B. geklebtes Aquarium, Vollglasbecken), das etwa 10 cm hoch mit Wasser gefüllt wird. Je nach Verdunstung muss gegebenenfalls während der Inkubationszeit Wasser nachgefüllt werden. Über dem Wasserspiegel installiert man entweder einen Glasbzw. einen festen Kunststoffsteg, oder man legt einfach einen Ziegelstein in das Wasser. Darauf werden die Eibehälter gestellt. Praktisch für die notwendigen Kontrollen ist die Abdeckung des Inkubators mit einer transparenten Scheibe aus Glas oder besser Plexiglas, wodurch ein Betrachten der Eier ohne ständiges Öffnen des Brutapparates und die damit verbundenen Temperaturabstürze erlaubt wird. Wichtig ist, dass sich über den Eibehältern eine schräg liegende Scheibe befindet, damit sich an der Abdeckung niederschlagendes Kondenswasser nicht auf die Eier tropft; die Eier

Sehr gut ist bei diesen im Pflanzgranulat Seramis eingebetteten Eiern die auf eine Befruchtung hinweisende weiße Bauchbinde zu sehen. Foto: A. S. Hennig

:::Was tun mit den Eiern? Die Inkubation:::

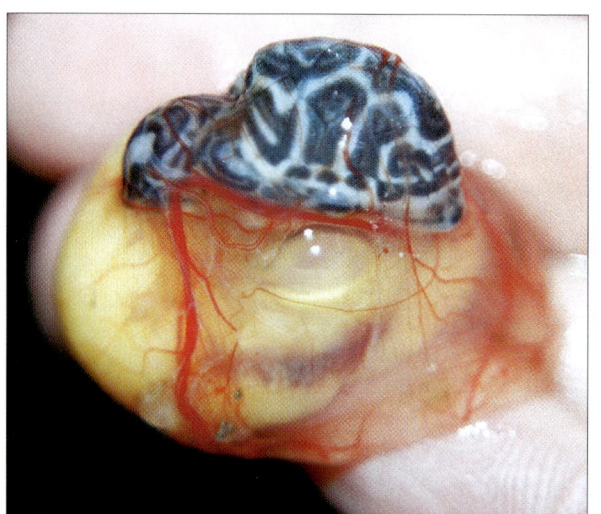

Geöffnetes Ei von *Pseudemys peninsularis*, der Peninsula-Schmuckschildkröte. Sehr gut sind bei diesem noch nicht fertig entwickelten Exemplar der Dotter und die vielen kleinen Äderchen zu sehen. Foto: A. S. Hennig

sollten nie direkt mit Wasser in Berührung kommen. Die zum Bebrüten notwendige Temperatur wird über einen Heizstab im Wasser erreicht. Alternativ kann man unter den Brutkasten eine Heizmatte legen. Aquarienheizstäbe mit einem am oberen Ende befindlichen Reglerknopf einschließlich der zugehörigen Temperaturskala, die ein Einstellen der gewünschten Temperatur bis auf ein halbes Grad Celsius genau ermöglicht, sind für unsere Zwecke bestens geeignet. Auf Höhe der Eier ist ein Thermometer in das Brutsubstrat zu legen, um die Temperaturen kontrollieren, abweichende Werte feststellen und entsprechend reagieren zu können; nicht immer stimmt die vom Heizstab produzierte Wärme mit der Temperatur unmittelbar an den Eiern überein. Hat man eine Heizmatte als Wärmequelle oder einen nicht regelbaren Heizstab in Gebrauch, ist ein separater Thermostat im Brutapparat notwendig, der als Grundlage für eine Temperatursteuerung dient. Als Standort für den Inkubator eignet sich ein schattiger Platz im Zimmer, nie in Fenster- oder Heizungsnähe (Grund dafür ist das mögliche unkontrollierte Aufheizen des Inkubators durch die Sonneneinstrahlung oder die Zimmerheizung).

Während der Brutzeit werden die Eier regelmäßig kontrolliert. Abgestorbene, nicht befruchtete oder verpilzte Eier werden aussortiert, die geschlüpften Schildkröten setzt man in die vorbereiteten Aufzuchtbecken.

Literatur
BUDDE, H. (1980): Verbesserter Brutbehälter zur Zeitigung von Schildkrötengelegen. – Salamandra 16(3): 177–180.
KÖHLER, G. (1997): Inkubation von Reptilieneiern. – Herpeton, Offenbach, 205 S.
MÄHN, M. (2000): Inkubation von Schildkröteneiern. – REPTILIA, Münster, 5(4): 55–61.

Highlight: Schlupf und Aufzucht der Jungtiere

Der Schlupf beginnt, indem die junge Schildkröte im Ei mit ihrer an der Schnauzenspitze befindlichen Eischwiele die Schale anritzt. Die Eischwiele, als sehr kleiner cremeweißer „Dorn" erkennbar, fällt einige Tage nach dem Schlupf ab. Es dauert wenige Stunden bis mehrere Tage, bis der Schlüpfling das Ei vollständig verlassen hat. In dieser Zeit sollte vermieden werden, zu häufig den Inkubator zu öffnen und nach dem aus dem Ei schauenden Tier zu sehen oder es gar zu berühren, denn dies bedeutet für die kleine Schildkröte Stress.

Eine Südliche Zierschildkröte (*Chrysemys picta dorsalis*) beim Schlupf Foto: A. S. Hennig

Der Dottersack ist beim Schlupf meist maximal linsengroß. Besitzen die Schlüpflinge einen noch mehr als erbsengroßen Dottersack, werden sie separat in kleine Gefäße (beispielsweise Plastikboxen, etwa 25 x 25 cm Grundfläche) mit flachem Wasserstand

Juvenile Schildkröten haben ein hohes Versteckbedürfnis. Hier schaut eine junge Starrbrustpelomeduse (*Pelomedusa subrufa olivacea*) vorsichtig durch die Schwimmpflanzendecke des Aquaterrariums. Foto: A. S. Hennig

Highlight: Schlupf und Aufzucht der Jungtiere

Auch im Inkubator muss man auf die richtigen Klimawerte achten. Foto: H. - D. Philippen

(ca. 4–5 cm, tagsüber ca. 25–28 °C) und mehreren Pflanzenranken, z. B. Hornkraut oder Wasserpest, als Versteckmöglichkeit gesetzt. So besteht keine Gefahr, dass der Dottersack durch Einrichtungsgegenstände wie Korkstücke und Wurzeln aufgerissen oder möglicherweise von anderen Jungtieren beschädigt wird. Wurde der Dottersack weitestgehend resorbiert, kann die junge Schildkröte in ein Aufzuchtbecken gesetzt werden. Dieses entspricht im Prinzip dem Wasserschildkrötenbecken für die großen Exemplare, nur ist im Aufzuchtbecken für viel mehr Versteckmöglichkeiten zu sorgen, am einfachsten in Form von Wasserpflanzen wie Hornkraut, Wasserpest, Javamoos, Wasserlinsen, Muschelblumen, Wasserhyazinthen u. v. m. Als Schutz vor möglichen Fressfeinden verstecken sich Schildkrötenbabys; dem ist bei der Aufzucht Rechnung zu tragen. Praktisch ist auch, Wasserpflanzen (mit Erlaubnis des Besitzers) einem Gartenteich zu entnehmen. Denn in den Wurzeln und zwischen den Blättern und Trieben befinden sich viele Klein- und Kleinstlebewesen, die den jungen Wasserschildkröten als ideale Nahrungsergänzung dienen. Allerdings haben aus dem Teich eingesetzte Pflanzen meist eine nur kurze Lebensdauer.

Schlüpfling von *Pseudemys peninsularis*. An der Schnauzenspitze sieht man deutlich die Eischwiele, mit deren Hilfe das Tier die Eihülle verlassen konnte. Foto: A. S. Hennig

Literatur
HENNIG, A.S. (2003): Zierschildkröten. – Natur und Tier - Verlag, Münster, 80 S.
SCHILDE, M. (2001): Schlammschildkröten. *Kinosternon, Sternotherus, Claudius* und *Staurotypus*. – Natur und Tier - Verlag, Münster, 136 S.
– (2004): Asiatische Sumpfschildkröten. – Natur und Tier - Verlag, Münster, 192 S.

Welche Arten sind für die Haltung geeignet?

Nachdem Sie sich überlegt haben, wie viel Platz Sie zur Verfügung haben, welche finanziellen Möglichkeiten bestehen und ob Sie ein Einzeltier halten oder sogar die Vermehrung Ihrer zukünftigen Pfleglinge anstreben möchten, folgt nun die Beantwortung einer entscheidenden Frage: Welche Schildkrötenart soll und kann ausgewählt werden? Es gibt eine ganze Reihe von Spezies, denen auch ein Anfänger eine artgerechte Lebensgrundlage bieten kann. Nur unterscheiden sich die Ansprüche der Tiere: Manche sind räuberisch lebende Fleischfresser, andere wiederum bevorzugen große Mengen an pflanzlicher Nahrung. Einige Arten leben versteckt, auf der anderen Seite gibt es licht- und wärmehungrige „Sonnenanbeter". Je nach Herkunftsgebiet müssen Ruhephasen berücksichtigt werden; Jahresrhythmen gibt es bei Wasserschildkröten aus den tropischen Regionen genauso wie bei Exemplaren aus gemäßigten Breiten. Während einige Spezies äußerst aggressiv sind, tolerieren andere Wasserschildkröten Artgenossen besser. Daneben ist noch eine Reihe weiterer Eigenschaften zu berücksichtigen, die Einfluss auf die Artenauswahl nehmen sollten. Insgesamt sind es also zahlreiche Faktoren, die bei der Entscheidung, welche Art letztendlich gepflegt werden soll, gegeneinander abgewogen werden müssen, damit den eigenen Kenntnissen und Fähigkeiten entsprechend eine dauerhafte, artgerechte Haltung der Schildkröten möglich ist. In jedem Fall gilt: Nehmen Sie sich Zeit! Überstürzen Sie nichts und überlegen Sie in Ruhe und ohne Zeitdruck, für welche Wasserschildkröten Sie sich entscheiden. Ein Tier kann unüberlegt schnell gekauft werden, die Probleme gibt es dann aber gratis dazu – mit Sorgfalt ausgewählte Pfleglinge bereichern das Leben und bereiten viel Freude. Nachfolgend werden für die Haltung geeignete Arten aufgeführt und ihre Haltungsanforderungen beschrieben. Im Anschluss an jedes einzelne Artporträt wird weiterführende Literatur aus Fachzeitschriften und Büchern angeführt. Sie erlaubt es, sich noch intensiver

Die Rotwangen-Schmuckschildkröte (*Trachemys scripta elegans*) ist schon ein „Klassiker" der Wasserschildkrötenhaltung. Foto: A. S. Hennig

:::Welche Arten sind für die Haltung geeignet?:::

Geier- (*Macrochelys temminckii*) und Schnappschildkröten (*Chelydra serpentina*, im Bild ein halbwüchsiges Exemplar) gehören wegen ihrer Größe und Kraft zu den Arten, für deren Haltung man eine behördliche Genehmigung benötigt. Nichtsdestotrotz sind es dankbare Pfleglinge, mit deren Biologie und erfolgreicher Haltung sich engagierte Schildkrötenhalter beschäftigen. Foto: A. S. Hennig

und fundierter mit den persönlichen Favoriten zu beschäftigen, ihre Lebensweise in der Natur kennen zu lernen oder sogar darüber hinaus den Blick auf weitere interessante Vertreter der Schildkrötenfauna zu richten. Denn es ist immer wieder spannend, Stück für Stück das eigene Wissen über die Welt der Schildkröten zu erweitern!

Noch ein Hinweis: Lassen Sie sich nicht durch die wissenschaftlichen Artbezeichnungen abschrecken. Sie sind schlicht notwendig, da die deutschen Bezeichnungen nicht immer eindeutig einer bestimmten Art zugeordnet werden können. Für einige Arten gibt es sogar manchmal mehrere deutsche Namen, für andere gar keine. In der Regel sind wissenschaftliche Namen aber eindeutig – über Ländergrenzen hinweg. Auch wenn man nicht sprachengeübt ist, prägen sich diese Bezeichnungen recht schnell ein. In der Fachliteratur werden Gattungs-, Art- und Unterartnamen übrigens immer kursiv geschrieben. Die in Kapitälchen stehenden Namen hinter der wissenschaftlichen Bezeichnung weisen auf den oder die Erstbeschreiber der jeweiligen (Unter-)Art hin, gefolgt von der Jahreszahl dieser Beschreibung. Ist die Angabe zu Erstbeschreibern und Jahreszahl der Erstbeschreibung eingeklammert, bedeutet dies, dass die Art in der Originalbeschreibung einer anderen Gattung zugeordnet wurde als heute.

Artenporträts

Gewöhnliche Moschusschildkröte
Sternotherus odoratus
(LATREILLE, 1801)

Wenn auch farblich nicht für jeden sofort ansprechend, ist die Moschusschildkröte gerade für Anfänger sehr gut geeignet. Sie hat eine für die Haltung überaus angenehme Endgröße und stellt keine hohen Ansprüche an ihre Pflege. Und wer sich an die Nachzucht dieser interessanten Art wagt, wird bei richtiger Durchführung am Ende mit gerade einmal hummelgroßen Babys belohnt!

Verbreitung und Lebensraum: Das Verbreitungsgebiet der Gewöhnlichen Moschusschildkröte erstreckt sich vom südöstlichen Kanada über das östliche Drittel der USA bis in deren Süden und Südosten einschließlich Floridas. Die Art bewohnt verschiedenste Fließ- und Stillgewässer, wie Teiche, Sumpfgebiete, Kanäle und Gräben. Bevorzugt werden Gewässer mit geringer Strömung und weichem Bodengrund.

Beschreibung und Größe: Die Gewöhnliche Moschusschildkröte ist eher unscheinbar graubraun gefärbt; ihr Rückenpanzer wird maximal 13,7 cm (meist aber nur 10–11 cm) lang und zeigt wenig Zeichnungselemente. Auf beiden Kopfseiten verlaufen je zwei helle, gelbliche Streifen von der Schnauzenspitze zum Hals und berühren die oberen und unteren Augenränder. Jungtiere zeigen auch an der Halsunterseite und an den Gliedmaßen helle Streifen. Ebenso weisen sie ein helles Muster auf dem Bauchpanzer auf, das aber später verschwindet. Der Rückenpanzer hat bei Jungtieren drei Kiele, die im Alter allmählich verschwinden und einer ebenen Panzeroberfläche Platz machen. Die Kinnbarteln sind deutlich sichtbar. Die Geschlechter lassen sich bei adulten Exemplaren sehr gut unterscheiden: Männchen haben einen längeren und am Ansatz breiteren Schwanz. Auch ist die Kloake bei männlichen Exemplaren mehr in Richtung Schwanzspitze verschoben. Das Bindegewebe an der Mittelnaht des Bauchpanzers ist bei den Weibchen schmaler.

Im Alter verblasst zwar die Streifenzeichnung am Kopf, doch sind auch zeichnungslose Moschusschildkröten dankbare Pfleglinge.
Foto: A. S. Hennig

Gewöhnliche Moschusschildkröte

Haltung: Für die Unterbringung einzelner Exemplare eignen sich Becken mit den Maßen 80 bzw. 60 x 40 x 40 cm (Länge x Breite x Höhe), der Wasserstand beträgt bei dieser Beckengröße etwa 20 cm. Moschusschildkröten sind schlechte Schwimmer, daher muss das Wasserbecken bei einem höheren Wasserstand so eingerichtet werden, dass die Tiere über Klettermöglichkeiten wie Wurzeln und dergleichen ohne große Mühe vom Beckenboden bis an die Wasseroberfläche gelangen können. Hohe Wasserstände dagegen lassen sich erst bei Aquarienbecken ab 120 cm Länge praktisch realisieren. Es ist möglich, zwei oder drei Weibchen miteinander zu vergesellschaften, aber die Verträglichkeit unterscheidet sich von Fall zu Fall. Hier muss man genau beobachten: Im Zweifel sind die Tiere einzeln unterzubringen! Männchen muss man ohnehin von den Weibchen getrennt halten; sie werden nur für eine Paarung hinzugesetzt. Ansonsten versucht das Männchen ausdauernd, sich mit den Weibchen zu paaren. Die Becken sind so einzurichten, dass mindestens ein Versteckplatz im Wasser und für die Weibchen ein mit feuchtem Sand gefüllter Landteil zur Eiablage vorhanden sind. Letzterer muss für die Schildkröten stets leicht erreichbar sein, beispielsweise über Wurzeln oder Zierkork. Der eingebrachte Sand ist mindestens so tief, wie der Rückenpanzer lang. Häufig schaufeln Gewöhnliche Moschusschildkröten so tiefe Nistgruben, dass sie nur noch mit dem vorderen Panzerrand und dem Kopf herausschauen. Auf den Landteil wird ein Spotstrahler gerichtet, der das Substrat lokal erwärmt und auf diese Weise unterschiedliche Temperaturzonen gewährleistet. So haben die legebereiten Weibchen die Möglichkeit, die Vorzugstemperatur für ihr Gelege zu wählen. Vor allem während der Trächtigkeit bzw. Eiproduktion kann man die Weibchen beim Sonnenbad beobachten; ansonsten leben die Tiere eher versteckt und sonnen sich so gut wie nie. Dennoch sollte auch bei der Pflege von Männchen ein auf einen kleinen Sonnenplatz (z. B. aus dem Wasser ragende Wurzel) gerichteter einfacher Spotstrahler angeboten werden. Die Wassertemperatur sollte im Sommerhalbjahr tagsüber ungefähr 25 °C betragen, nachts ist sie natürlich – wie in der Natur – niedriger und kann auf Zimmerwerte abfallen.

Die für das Gedeihen und die erfolgreiche Nachzucht notwendige kühle Überwinterung erfolgt entweder im Aquaterrarium – hier graben sich die Schildkröten häufig selbst im feuchten Substrat des Landteils oder in eingebrachte Pflanzenbehälter (Moschusschildkröten klettern geschickt) ein – oder in separaten Überwinterungsboxen. Die Temperatur sollte in dieser Ruheperiode ungefähr 5–10 °C betragen. Nach einer Vorbereitungsphase, bei der über einige Herbstwochen hinweg Beleuchtungsdauer und Temperatur gesenkt werden, setzt man die Tiere einzeln in mit unbehandeltem feuchten Rindenmulch gefüllte Behälter (z. B. Plastikeimer, kleine Glasbecken). Hier graben sich die Schildkröten meist innerhalb weniger Minuten ein und verbleiben dort für die nächsten 2–3 Monate. Während der Ruhephase wird das Substrat regelmäßig kontrolliert und bei Bedarf nachbefeuchtet (z. B. mit einem Blumensprüher). Unterlässt man dies, können die ruhenden Tiere regelrecht austrocknen. Zum Beenden der Hibernation werden die Überwinterungsbehälter bei Zimmertemperatur in einen Raum gestellt, in dem die Schildkröten in der Re-

Gewöhnliche Moschusschildkröte

Männliche Moschusschildkröten (links) haben einen längeren und dickeren Schwanz als weibliche Exemplare (rechts). Fotos: A. S. Hennig

gel recht zügig „erwachen" und aktiv werden. Anschließend werden sie wieder in ihre Aquaterrarien gesetzt.

Ernährung: Die Fütterung ist recht einfach. Diese Fleischfresser akzeptieren u. a. Regenwürmer, Gehäuseschnecken, Grillen, Süßwasserfisch- und Muschelfleisch; insbesondere die Jungtiere können auch mit Kellerasseln, Mückenlarven und Wasserflöhen gefüttert werden.

Nachzucht: Berücksichtigt man die kühle Überwinterung, kommt es im Frühjahr beim Vergesellschaften der Geschlechter meist sofort zu erfolgreichen Paarungen. Nachdem das Männchen einige Tage beim Weibchen blieb, wird es wieder separiert. In den nun folgenden Wochen benötigt das Weibchen sowohl Ruhe vor einem aufdringlichen Männchen als auch eine hochwertige Ernährung. Die meist 2-4 Eier pro Gelege werden vorsichtig in einen vorbereiteten Inkubator überführt. Bei Bruttemperaturen zwischen 23 und 27 °C benötigen die kleinen Gewöhnlichen Moschusschildkröten etwa 82-88 Tage bis zum Schlupf.

> **Literatur**
> BUDDE, H. (2002): Haltung und Nachzucht der Gewöhnlichen Moschusschildkröte (*Sternotherus odoratus*, LATREILLE 1801). – Testudo 11(2): 8–16.
> CONANT, R. & J.T. COLLINS (1998): A Field Guide to Reptiles and Amphibians Eastern and Central North America. – Houghton Mifflin Company, New York, 616 S.
> HENNIG, A.S. (1999): Eine empfehlenswerte Wasserschildkröte – auch für den Anfänger: Haltung und Zucht der Gewöhnlichen Moschusschildkröte *Sternotherus odoratus*. – REPTILIA, Münster, 4(5): 65–68.
> SCHILDE, M. (2001): Schlammschildkröten. *Kinosternon, Sternotherus, Claudius* und *Staurotypus*. – Natur und Tier - Verlag, Münster, 136 S.
> – (2004): Art für Art: Die Moschusschildkröte, *Sternotherus odoratus*. – Natur und Tier - Verlag, Münster, 64 S.

Dach-Moschusschildkröte
Sternotherus carinatus
(GRAY, 1855)

In derselben Gattung wie die Gewöhnliche Moschusschildkröte findet man die nahe mit ihr verwandte Dach-Moschusschildkröte. Hochinteressant und mit auffallender Gestalt ist sie eine gut haltbare kleinere Wasserschildkröte, deren Pflege auch dem Hobby-Anfänger gelingen kann.

Verbreitung und Lebensraum: Die natürlichen Vorkommen der Dach-Moschusschildkröte befinden sich im Süden der USA und erstrecken sich vom südöstlichen Mississippi nach Westen über Louisiana, Süd-Arkansas und den äußersten Südwesten Oklahomas bis zur östlichen Hälfte von Texas. Dort lebt die Art im Einzugsgebiet verschiedener Fließgewässer und bevorzugt dabei dicht bewachsene, langsam fließende Ströme sowie Überschwemmungsgebiete.

Beschreibung und Größe: Die Dach-Moschusschildkröte beeindruckt durch ihren steil aufsteigenden, unverwechselbar dachförmigen Rückenpanzer. Er ist olivgrün bis braun gefärbt und besitzt eine dunkle, z. T. strahlenförmige Sprenkel- und Strichzeichnung. Die graubraune Haut weist eine dunkle Punktzeichnung auf. Der helle Bauchpanzer zeigt bei Männchen breitere Bindegewebsnähte (insbesondere die Mittelnaht) als bei den kleiner bleibenden Weibchen. Letztere besitzen einen kürzeren Schwanz. Die Männchen können mit maximal über 17 cm Panzerlänge größer als die Weibchen (meist um die 12 cm) werden.

Haltung: Für diese schlechten Schwimmer werden zur Einzelunterbringung Aquarien ab etwa 80 cm Länge verwendet. Die im Handel erhältlichen Standardbecken haben bei dieser Länge meist eine Breite

Fütterung einer Dach-Moschusschildkröte Foto: M. Schmidt

Dach-Moschusschildkröte

und Höhe von 40 cm und sind damit gut für die Unterbringung dieser Tiere geeignet. Bei Becken dieser Größe sollte der Wasserstand (Temperatur im Sommerhalbjahr tagsüber ca. 25–28 °C, nachts Absenkung auf Zimmertemperatur) etwa 20, höchstens 25 cm betragen. Ausreichend Klettermöglichkeiten im Wasser vorausgesetzt, kommen Dach-Moschusschildkröten (ebenso wie die nahe mit ihnen verwandte Gewöhnliche Moschusschildkröte) auch mit deutlich höheren Wasserständen zurecht, doch sollten dann die Aquarien wesentlich voluminöser sein, um Platz für die zusätzlichen, leicht erklimmbaren Wurzeln, Baumstämme etc. zu bieten. Ein gut erreichbarer Landteil ist notwendig für legewillige Weibchen, aber auch für Exemplare, die sich während der Wintermonate im Substrat eingraben und dort ruhen möchten. Die Dach-Moschusschildkröte kommt zwar aus dem wärmeren Süden der USA, aber auch dort treten im Winter niedrige Temperaturen auf, welche die Tiere zu einer Ruhephase bewegen. Diese dauert zwar nicht so lange und ist nicht so intensiv wie bei Schildkrötenarten in den nördlichen USA oder gar Südkanada, aber dennoch richten wir uns zwingend auf das natürliche Bedürfnis unserer Pfleglinge nach einer Ruheperiode in den Wintermonaten ein. Im Aquaterrarium lässt sich diese einfach bewerkstelligen, indem während des Herbstes (ab etwa Ende September, Anfang Oktober) Beleuchtungszeit und Haltungstemperatur reduziert werden. Über eine Dauer von mindestens 8–10 Wochen füttert man die bei etwa Zimmertemperatur nun deutlich ruhigeren und kaum aktiven Tiere nur sehr mäßig. Zum Beenden der Ruhephase werden Beleuch-

Sternotherus carinatus Foto: M. Schmidt

tungszeit und Tagestemperaturen wieder gesteigert, die Schildkröten werden aktiver und fressen das nun wieder häufiger gereichte Futter.

Ernährung: Dach-Moschusschildkröten sind Fleischfresser und akzeptieren z. B. Regenwürmer, Gehäuseschnecken, Grillen, Süßwassermuschel- und Süßwasserfischfleisch, aber auch gelegentlich geringe Obstgaben wie Weintrauben- und Kiwistücke. Auch bieten sich kleine Algen- oder Wasserpflanzenbündel aus dem Gartenteich

Adulte Dach-Moschusschildkröten besitzen kräftige Kiefer, mit deren Hilfe sie z. B. Gehäuseschnecken knacken können.
Foto: A. S. Hennig

mit daran sitzenden Kleintieren wie Wasserasseln u. a. an.

Nachzucht: Im Anschluss an die Ruheperiode werden die Geschlechter für Paarungsversuche vergesellschaftet. Meist reitet das Männchen unmittelbar nach dem Zusammensetzen auf, und es kommt zur Kopulation. Nach einigen Tagen der gemeinsamen Haltung wird das Männchen wieder aus dem Becken genommen, damit das Weibchen nunmehr keinem Stress durch einen anhaltend paarungsbereiten Geschlechtspartner ausgesetzt ist. In den folgenden Wochen sieht man das Weibchen des Öfteren auf dem Sonnenplatz. Füttern Sie täglich abwechslungsreich, um die für Eiproduktion und -ablage notwendige Kondition zu gewährleisten. Während der Frühlingsmonate kommt es zur Ablage der meist 2–4 Eier, die anschließend vorsichtig in den vorbereiteten Inkubator gelegt werden. Mindestens ein weiteres Gelege ist, meist ein bis zwei Monate später, möglich. Bei Bruttemperaturen von etwa 28 °C schlüpfen die Jungtiere nach ungefähr 90–100 Tagen.

Literatur
BECKER, H. & A. MÜLLER (1997): Bemerkenswerte Beobachtungen bei der Aufzucht der Gekielten Moschusschildkröte (*Kinosternon carinatum*) (GRAY, 1856). – elaphe, N.F. 5(3): 10–15.
ERNST, C.H., J.E. LOVICH & R.W. BARBOUR (1994): Turtles of the United States and Canada. – Smithsonian Institution Press, Washington, London, 578 S.
HENNIG, A.S. (2002): Pflege und Vermehrung von Gewöhnlicher Moschusschildkröte (*Sternotherus odoratus*) sowie Dach-Moschusschildkröte (*Sternotherus carinatus*). – REPTILIA, Münster, 7(3): 36–40.
SCHILDE, M. (2001): Schlammschildkröten. *Kinosternon, Sternotherus, Claudius* und *Staurotypus*. – Natur und Tier - Verlag, Münster, 136 S.

Dreistreifen-Klappschildkröte
Kinosternon baurii GARMAN, 1891

Bleiben wir noch ein wenig in Nordamerika und den interessanten und für die Terrarienhaltung sehr geeigneten Vertretern der Schlammschildkröten: Die Klappschildkröten der Gattung *Kinosternon* vereinen eine ganze Reihe ansprechender Arten, darunter auch die kleine, farblich reizvolle Dreistreifen-Klappschildkröte.

Verbreitung und Lebensraum: Die Lebensräume dieser Art befinden sich in Florida, an der Atlantikküste in einem breiten Streifen entlang nach Norden, bis in den Südosten des Bundesstaates Virginia. Sie lebt dort in ruhigen Gewässern mit weichem Bodengrund, u. a. in Teichen und Sümpfen.

Beschreibung und Größe: Mit maximal 12,7 cm ist die Dreistreifen-Klappschildkröte eine angenehm kleine Art mit drei auffallenden hellen Längsstreifen auf dem sonst düster gefärbten, flachen Rückenpanzer. Klappschildkrötentypisch sind die zwei Scharniere am Bauchpanzer: Mit ihrer Hilfe ist es dem Tier möglich, zum Schutz den gesamten Panzer zu verschließen. Die hellgraue bis schwarze Haut wird am Kopf durch beidseitige helle Streifen optisch aufgelockert. Die kleiner bleibenden Männchen besitzen längere, mit einem Hornnagel endende Schwänze. An ihren Hinterbeinen befinden sich Haftpolster.

Haltung: Kleine Wasserbecken ab 80 cm Länge eignen sich auch für diese Art. Strukturiert mit einem Landteil für die Eiablage oder für eine evtl. vom Tier eingelegte Sommerruhe, einem Unterwasserversteckplatz

:::Dreistreifen-Klappschildkröte:::

Paarung von Dreistreifen-Klappschildkröten Foto: A. Glaser

(Wurzel, künstliche Pflanzen oder Hohlraum unter Landteil) sowie einer Ausstiegsmöglichkeit aus dem Wasser, sollte auch bei dieser Art der Wasserstand etwa 20–25 cm betragen, bei größeren Becken und geeigneten Klettermöglichkeiten auch höher. Die Haltungstemperatur im Sommerhalbjahr beträgt am Tage ungefähr 25–28 °C, nachts erfolgt natürlich eine Absenkung auf Zimmertemperatur. Für einen Jahresrhythmus wird in den Herbstmonaten die Temperatur auf 12–15 °C gesenkt; für etwa 3–4 Monate folgt eine Zeit der verminderten Aktivität mit mäßiger Fütterung.

Ernährung: Die Dreistreifen-Klappschildkröte ist ein Allesfresser. Neben Wirbellosen wie Gehäuseschnecken, Regenwürmern und Insekten werden auch verschiedene Pflanzen verspeist. Geben Sie den Schildkröten daher sowohl tierisches Futter als auch pflanzliche Nahrung, wie

Kinosternon baurii **ist eine kleine und attraktive Art.** Foto: A. S. Hennig

z. B. Löwenzahn oder auch Wasserpflanzen (ideal mit daran sitzenden Kleintieren wie Schnecken usw.).

Dreistreifen-Klappschildkröte

Weibchen von *Kinosternon baurii* beim Verzehr der Lieblingsnahrung, eines Tauwurms
Foto: A. Glaser

Nachzucht: Nach den Paarungen im Frühjahr, zu denen für einige Tage ein Männchen und ein Weibchen vergesellschaftet werden, haben auch die weiblichen Dreistreifen-Klappschildkröten einen erhöhten Wärmebedarf und sonnen sich unter dem Strahler. Werden sie täglich abwechslungsreich und qualitativ hochwertig ernährt, vergraben sie in den Frühlingsmonaten ihr erstes Gelege, später im Jahresverlauf können noch weitere folgen. Die Eier werden mit Vorsicht freigelegt und in den Brutapparat gebettet. Dort schlüpfen die kleinen Klappschildkröten bei Inkubationstemperaturen von 28–30 °C nach 80–145 Tagen.

Literatur
ERNST, C.H., J.E. LOVICH & R.W. BARBOUR (1994): Turtles of the United States and Canada. – Smithsonian Institution Press, Washington, London, 578 S.
PRASCHAG, R. (1983): Zur Fortpflanzungsbiologie von *Kinosternon baurii* (GARMAN, 1891) mit Bemerkungen über eine abnorme Gelegehäufigkeit und die Embryonalentwicklung (Testudines: Kinosternidae). – Salamandra 19(3): 141–150.
SCHILDE, M. (2001): Schlammschildkröten. *Kinosternon, Sternotherus, Claudius* und *Staurotypus*. – Natur und Tier - Verlag, Münster, 136 S.
SCHROER, F.H. (1998): Haltung und Zucht der Dreistreifen-Klappschildkröte *Kinosternon bauri* (GARMAN, 1891). – J. AG Schildkröten 7(3): 16–20.

Weißmaul-Klappschildkröte
Kinosternon leucostomum (DUMÉRIL, BIBRON & DUMÉRIL, 1851)

Zur selben Gattung wie die Dreistreifen-Klappschildkröte gehört auch die Weißmaul-Klappschildkröte, doch kommt sie aber als Vertreter der mittelamerikanischen Fauna viel weiter südlich vor. Dabei handelt es sich um eine ausgesprochen empfehlenswerte Art, deren Haltungsansprüche auch von Anfängern gut erfüllt werden können: Sie ist ohne Frage ein tropisches Kleinod im Aquaterrarium!

Verbreitung und Lebensraum: Das Vorkommen der Unterart *Kinosternon leucostomum leucostomum* (Nördliche Weißmaul-Klappschildkröte, die so genannte Nominatform dieser Art) erstreckt sich von Veracruz in Mexiko bis nach Nicaragua. Die zweite Unterart, *K. l. postinguinale* (Südliche Weißmaul-Klappschildkröte), schließt sich hier an und kommt bis nach Ecuador in Südamerika vor. Besiedelt werden verschiedenste Fließ- und Stillgewässer mit reichlich Vegetation und weichem Bodengrund.

Beschreibung und Größe: Der dunkelbraune Rückenpanzer ist ebenso wie der helle Bauchpanzer zeichnungslos. Der Kopf ist bei der nördlichen Unterart überwiegend dunkel grauschwarz, die südliche Form hat auffallend gelbe Schläfenstreifen. Die graubraune Haut ist unterseits weißlich bis hellgrau abgesetzt. Männchen dieser meist 15–17 cm großen Schlammschildkröte besitzen einen

Rücken- und Bauchpanzeransicht der Nominatform Foto: A. S. Hennig

Sehr gut erkennt man die die Gattung *Kinosternon* kennzeichnenden Bauchpanzerscharniere, mit deren Hilfe sich die Tiere schützen können. Foto: A. S. Hennig

Weißmaul-Klappschildkröte

Kinosternon leucostomum Foto: A. S. Hennig

deutlich längeren und dickeren Schwanz als weibliche Exemplare. Auch bei dieser Art sind die beiden für die Klappschildkröten der Gattung *Kinosternon* typischen Quergelenke am Bauchpanzer vorhanden; sie ermöglichen es, den Bauchpanzer vorne und hinten zu schließen.

Haltung: Aquarienbecken ab einer Grundfläche von 80 x 40 cm sind für die Einzelunterbringung dieser recht aggressiven Klappschildkröten geeignet. Das für diese tropische Art auf 25–30 °C erwärmte Wasser sollte bei dieser Aquariengrundfläche etwa 20 cm tief sein. Zur Ausstattung gehört vor allem ein Versteckplatz, z. B. unter dem Landteil, oder für kleinere Exemplare ein im Wasser liegender Firstziegel. Der Landteil wird vor allem von trächtigen Weibchen zum Sonnen genutzt. Ähnlich zu pflegen ist übrigens die ebenfalls aus Mittelamerika stammende Rotwangen-Klappschildkröte (*Kinosternon cruentatum*).

Ernährung: Als Futter stehen überwiegend Wirbellose auf dem Speiseplan, wie beispielsweise Regenwürmer, Gehäuseschnecken, Grillen, vor allem bei Jungtieren auch Wasserflöhe und Mückenlarven. Pflanzliche Nahrung, wie sie in der Natur nachgewiesenermaßen gefressen wird, kann ebenfalls angeboten werden, z. B. in Form von Wasserpflanzen, wird aber selten angenommen.

Nachzucht: Nach einer kurzen kühleren Periode Anfang Herbst (etwa zwei bis drei Wochen bei ca. 20–22 °C) und der danach folgenden Temperaturerhöhung auf 25–30 °C werden Männchen und Weibchen zusammengesetzt. Nach erfolgreicher Paarung vergräbt das Weibchen bis zu vier befruchtete Eier; mehrere Gelege im Jahr sind möglich. Bei Bruttemperaturen von 28 °C schlüpfen die Jungtiere nach 89–130 Tagen.

Literatur
RUDLOFF, H.-W. (1990): Vermehrung von Terrarientieren. Schildkröten. – Urania, Leipzig, Jena, Berlin, 155 S.
SCHILDE, M. (2001): Schlammschildkröten. *Kinosternon, Sternotherus, Claudius* und *Staurotypus*. – Natur und Tier - Verlag, Münster, 136 S.
– (2002): Die Haltung und Zucht der Weißmaul-Klappschildkröte *Kinosternon leucostomum*. – REPTILIA, Münster, 7(3): 32–35.
VOGT, R.C. & S.G. GUZMAN (1988): Food Partitioning in a Neotropical Freshwater Turtle Community. – Copeia 1: 37–47.

Buchstaben-Schmuckschildkröte
Trachemys scripta
(SCHOEPFF, 1792)

Gehen wir noch einmal zurück in die USA und betrachten die dortige Schildkrötenfauna: Auffallend sind die „Sonnenanbeter" auf umgestürzten Baumstämmen, die aus dem Wasser ragen: Schmuck-, Zier- und Höckerschildkröten. Farblich vor allem als Jungtiere sehr ansprechend, gehören die nordamerikanischen Schmuckschildkröten zu den am häufigsten gehaltenen Wasserschildkröten. Zweifelsohne sind sie reizvolle Pflege, doch benötigen sie viel Platz, und der Pflegeaufwand ist weitaus höher als bei den vorgenannten Moschus- und Schlammschildkröten.

Verbreitung und Lebensraum: Von den drei Unterarten dieser Art hat die bekannte Rotwangen-Schmuckschildkröte (*Trachemys scripta elegans*) das mit Abstand größte natürliche Verbreitungsgebiet. Es erstreckt sich vom Grenzgebiet zu Mexiko im Südwesten der USA nach Osten bis Alabama, die nördliche Grenze befindet sich am Südufer des Lake Michigan. Die Gelb-

Sicher eine der schönsten Wasserschildkröten: Die Rotwangen-Schmuckschildkröte *Trachemys scripta elegans* Foto: M. Schmidt

Buchstaben-Schmuckschildkröte

Das rötliche Zentrum im Schläfenstreifen der Cumberland-Schmuckschildkröte (*Trachemys scripta troostii*) weicht im Alter einem eher schmutzig wirkenden Fleck. Foto: A. S. Hennig

wangen-Schmuckschildkröte (*T. s. scripta*) findet man in Nordflorida, in Georgia und South Carolina, in der östlichen Hälfte von North Carolina sowie im Südosten von Virginia. Das kleinste Verbreitungsgebiet besitzt die Cumberland-Schmuckschildkröte (*T. s. troostii*). Ihr Vorkommen reicht vom südwestlichen Virginia und Kentucky bis ins nordöstliche Alabama. An den gemeinsamen Verbreitungsgrenzen gibt es Mischpopulationen zwischen diesen drei Unterarten (größtenteils in Alabama). Die Buchstaben-Schmuckschildkröte lebt bevorzugt in Stillgewässern, die unbedingt über reichliche Unterwasservegetation verfügen müssen.

Beschreibung und Größe: Bei der Bestimmung der Unterarten der Buchstaben-Schmuckschildkröte kommt es immer wieder zu Verwechslungen, am häufigsten zwischen Gelbwangen- (*T. s. scripta*) und Cumberland-Schmuckschildkröten (*T. s. troostii*). Die Erstgenannte besitzt als Jungtier schwarze Flecken auf dem Bauchpanzer, die sich aber im Alter stark reduzieren und dann meist komplett verschwinden. Auch *T. s. elegans* und *T. s. troostii* zeigen eine Fleckenzeichnung auf dem gelben Bauchpanzer; diese wird aber beibehalten, verändert und vergrößert sich sogar in der Fläche. Viele Schildkrötenhalter beschränken sich bei der Unterartbestimmung auf die Zeichnung des Bauchpanzers, ohne dabei die sicheren anderen Merkmale zu Rate zu ziehen. Dabei ist es möglich, durch das Betrachten der Kopfzeichnung eine Unterscheidung herbeizuführen: Rotwangen-Schmuckschildkröten haben den markanten deutlich roten Schläfenstreifen. Die Gelbwangen-Schmuckschildkröte dagegen weist einen senkrecht verlaufenden, breiten gelben Streifen auf, die Cumberland-Schmuckschildkröte zeigt wiederum einen waagerechten Schläfenstreifen hinter jedem Auge, der gelblich mit einem schwach rötlichen oder orangen Zentrum gefärbt ist (mit zunehmendem Alter nicht mehr farbintensiv und eher schmutzig wirkend). Die maximal 20 cm Panzerlänge aufweisenden Männchen unterscheiden sich von den bis zu 28 cm langen Weibchen durch einen deutlich längeren und dickeren Schwanz. Markantes Merkmal der männlichen Tiere sind die sehr langen Krallen an den Vorderfüßen.

Haltung: Die Geschlechter getrennt zu halten und jeweils nur für einige Tage zu Paarungsversuchen zu vergesellschaften, ist auch bei den Schmuckschildkröten empfehlenswert. Ansonsten werden die Männchen immer wieder die Weibchen anbalzen und so unter Stress setzen. Auch sind Weibchen wesentlich paarungsbereiter, wenn die Männchen nur saisonal hinzugesetzt werden. In einem Becken mit dem unten genannten Volumen können durchaus 3–4 adulte Weibchen gemeinsam gehalten werden. Es muss jedoch dabei immer wieder genau beobachtet werden, ob nicht ein dominantes Exemplar die anderen Schildkröten bedrängt, beißt und damit unterdrückt; heftigste Bissverletzungen, Stresssymptome und daraus resultierende Krankheitsbilder sind sonst die Folge. In einem solchen Fall muss das aggressive Tier separiert werden.

Die gewandten Schwimmer benötigen große Wasserbecken ab 150 cm Länge mit hohem Wasserstand (nach Möglichkeit mindestens 40 cm). Ein unbedingtes Muss ist der Sonnenplatz in Form einer aus dem Wasser ragenden Wurzel, eines zwischen Vorder- und Rückscheibe eingeklemmten Zierkorkstückes oder eines mit einem griffigen Material beklebten, fest installierten Glassteges. Darüber sind leistungsstarke Strahler zu befestigen, die tagsüber punktuell 40–45 °C am Sonnenplatz gewährleisten. Bei der Einrichtung solch großer Becken mit hohem Wasserstand sind Schlafplätze in Form kleiner Flachwasserbereiche (waagerecht eingeklebte, kleinflächige Glasscheiben oder eine stabil verankerte Wurzel) zu berücksichtigen. Nicht alle Schildkröten werden diese Möglichkeit nutzen, aber angeboten werden sollte sie auf jeden Fall. Selbstverständlich wird auch für Schmuckschildkröten ein mit Substrat gefüllter Landteil eingebaut. Dessen Grundfläche beträgt mindestens 50 x 50 cm (besser größer), die Substrattiefe entspricht mindestens der Panzerlänge der Tiere. Die tagaktiven Schildkröten benötigen im Sommerhalbjahr Wassertemperaturen von 25–28 °C, je nach Verbreitungsgebiet.

Für die Vorbereitung der Winterruhe werden in den Herbstmonaten Beleuchtung und Heizung stufenweise gedrosselt und schließlich ausgeschaltet. Dann muss die Entscheidung fallen, bei welchen Temperaturen die Schildkröten bis ungefähr zum März des kommenden Jahres überwintert werden. Das Problem ist dabei, dass wir in den wenigsten Fällen wissen, woher unsere Pfleglinge genau stammen. Die meisten im Zoohandel angebotenen nordamerikanischen Schmuckschildkröten sind in Schildkrötenfarmen ge-

Gelbwangen-Schmuckschildkröte Foto: H. - D. Philippen

schlüpft, und es ist selten nachvollziehbar, in welchem Teil des Verbreitungsgebietes die Elterntiere der Schlüpflinge ursprünglich gefangen wurden. Hier helfen bei der Haltung nur genaues Beobachten und Reagieren. Empfehlenswert ist eine mindestens zweimonatige Winterruhe bei ca. 6–12 °C

Ein ausgesprochen schön gefärbtes Männchen der Rotwangen-Schmuckschildkröte. Foto: A. S. Hennig

(Gelbwangen-Schmuckschildkröten aus dem Einzugsgebiet des nördlichen Florida etwa 15 °C), bei Tieren mit nachweislicher Herkunft aus den nördlichen Verbreitungsgebieten eine drei- bis viermonatige Winterruhe bei ca. 4–7 °C, jeweils in separaten Überwinterungsbehältern.

Ernährung: Ernähren sich junge Schmuckschildkröten noch überwiegend von verschiedensten Kleintieren wie Wasserflöhen, Schlammröhren- und Regenwürmern oder Asseln, steigt mit zunehmendem Alter der Bedarf an pflanzlicher Nahrung. Wir richten uns nach diesem Anspruch und reichen schon den Jungtieren kleinere Mengen Grünes, den größeren Exemplaren sogar überwiegend pflanzliches Futter wie Löwenzahn, Wasserpflanzen und Salate.

Nachzucht: Werden die Geschlechter nach der Winterruhe zusammengesetzt, beginnen die Männchen schon bald darauf mit dem interessanten Balzspiel. Lässt sich das Weibchen dadurch stimulieren, kommt es zur Kopulation – im anderen Fall verbeißt es den Geschlechtspartner; aber meist bleiben die Männchen hartnäckig. Im Falle einer guten Ernährung und eines optimalen Landteils wird das Weibchen zum Zeitpunkt der Eiablage schnell eine Stelle für die zu grabende Nisthöhle finden und sein Gelege problemlos dort platzieren. In der Regel kommt es bis zu drei Gelegen pro Saison. Aus den weichschaligen Eiern schlüpfen bei durchschnittlichen Temperaturen von etwa 28 °C nach 60–70 Tagen die Jungtiere.

Literatur
ERNST, C.H., J.E. LOVICH & R.W. BARBOUR (1994): Turtles of the United States and Canada. – Smithsonian Institution Press, Washington, London, 578 S.
HENNIG, A.S. (2002): Wasserschildkröten aus Nordamerika. – Datz-Sonderheft Schildkröten: 10–13.
HENNIG, A.S. (2004): Art für Art: Die Gelbwangen-Schmuckschildkröte – *Trachemys scripta scripta*. – Natur und Tier - Verlag, Münster, 64 S.
KALTER, G. (1998): Beobachtungen bei der Haltung und Zucht der Rotwangenschmuckschildkröte (*Trachemys scripta elegans*). – J. AG Schildkröten 8(1): 17–25.
PAWLOWSKI, S. (2000): Eine Möglichkeit zur gezielten Eiablage bei einer Rotwangenschmuckschildkröte, *Trachemys scripta elegans* (WIED, 1893). – elaphe N.F. 8(2): 9–12.

Fluss-Schmuckschildkröte
Pseudemys concinna
(LE CONTE, 1830)

Die zweite große Gruppe der nordamerikanischen Schmuckschildkröten ist die Gattung *Pseudemys* mit so bekannten Vertretern wie der Hieroglyphen-Schmuckschildkröte (*P. concinna concinna*) und der Florida-Rotbauchschmuckschildkröte (*P. nelsoni*). Im Grunde genommen sind diese Arten respektive Unterarten weniger für Anfänger geeignet, da sie zum einen den gleichen großen technischen Aufwand benötigen wie die Buchstaben-Schmuckschildkröten (s. o.), zum anderen aber noch ein ganzes Stück größer werden als diese. Die Fluss-Schmuckschildkröte wird dennoch hier aufgeführt, da sie derzeit zu den am häufigsten im Zoohandel angebotenen Schildkrötenarten gehört.

Verbreitung und Lebensraum: Nach aktueller Systematik gehören zur Fluss-Schmuckschildkröte zwei Unterarten: *P. c. concinna*, die Hieroglyphen-Schmuckschildkröte, sowie *P. c. floridana*, die Florida-Schmuckschildkröte. Die Hieroglyphen-Schmuckschildkröte kommt mit Ausnahme Floridas fast im gesamten südöstlichen Viertel der USA vor. Ihr Verbreitungsgebiet ist fast identisch mit dem der Gelbwangen-Schmuckschildkröte (*Trachemys scripta scripta*): Von Nord-Florida und Süd-Alabama im Süden erstreckt es sich in einem breiten Streifen an der Atlantikküste entlang bis

Eine ausgesprochen schön gefärbte Fluss-Schmuckschildkröte Foto: A. S. Hennig

Fluss-Schmuckschildkröte

Jungtier von *Pseudemys concinna* Foto: M. Schmidt

ins südöstliche Virginia. Beide leben auch in denselben Gewässern – aber warum kommt es zwischen ihnen nicht zur Vermischung, zu Hybriden? Die Männchen der Gattung *Pseudemys* schwimmen während der Balz und des dabei zur Schau gestellten Krallenzitterns parallel über dem Weibchen, männliche Buchstaben-Schmuckschildkröten dagegen positionieren sich frontal vor der Geschlechtspartnerin. Schwimmt also beispielsweise ein Männchen der Fluss-Schmuckschildkröte parallel über einem Weibchen der Gelbwangen-Schmuckschildkröte und beginnt mit dem Balzspiel, fehlt diesem der Schlüsselreiz. Es lässt keine Paarung mit dem artfremden Männchen zu, sondern „erwartet" eine Balz nach einem anderen Schema.

Als Lebensraum werden von der Fluss-Schmuckschildkröte langsam strömende Flüsse mit reichlicher Unterwasservegetation und zahlreichen Sonnenplätzen (ins Wasser gestürzte Bäume, Felsen) bevorzugt.

Beschreibung und Größe: Mit weit über 30 cm Rückenpanzerlänge bei Weibchen sind Fluss-Schmuckschildkröten beeindruckende, große Pfleglinge. Ihr gelber Bauchpanzer zeigt bei der Nominatform schwache schwarze Zeichnungselemente, in der Regel an den Schildnähten. Mehrere dünne gelbe Linien verlaufen waagerecht über Gesicht und Hals. Bei der Florida-Schmuckschildkröte sind diese Streifen weniger zahlreich und ähneln in ihrer Form und Anordnung mehr denjenigen der Forida-Rotbauchschmuckschildkröte (*Pseudemys nelsoni*).

Die Geschlechter der Fluss-Schmuckschildkröten lassen sich gut unterscheiden: Männchen haben einen deutlich dickeren und längeren Schwanz, und ihre Krallen an den Vorderfüßen sind ausgeprägt lang.

Haltung: Geräumige Wasserbecken ab 150–200 cm Länge und 50 cm Breite sind notwendig, um diese kräftigen und gewandten Schwimmer unterzubringen. Ein Wasserstand von 50 cm sollte nicht unterschritten werden. Stabile Sonnenplätze – am besten eingeklebte, mit einer griffigen Auflage versehene Glasstege – ragen aus dem tagsüber 25–28 °C warmen Wasser. Für die Aufzucht von Jungtieren müssen die Einrichtungsgegenstände natürlich noch nicht so groß ausfallen, für adulte Exemplare sind sie aber zu berücksichtigen. So erhält auch der für die Eiablage notwendige Landteil entsprechende Dimensionen: Fläche 50 x 50 cm, Substrattiefe etwa 25–35 cm. Der Sonnenplatz wird am Tage mit einem Strahler so beleuchtet, dass dort lokal 40–45 °C gemessen werden.

Im größten Teil des Verbreitungsgebietes sind Fluss-Schmuckschildkröten von April bis Oktober aktiv. Die kälteren Wintermonate verbringen sie eingegraben im Schlamm oder am Grund der Gewässer. So werden die Haltungstemperaturen im September langsam heruntergefahren, um die Schildkröten einige Wochen später einzeln in die Überwinterungsbehälter zu überführen und sie bei etwa 6–10 °C für drei Monate ruhen zu lassen. Pflegt man Florida-Schmuckschildkröten unbekannter Herkunft, muss in den Herbstmonaten genau beobachtet werden, wie sich die Tiere verhalten. Im Zweifelsfall sind sie im Zimmerbecken bei abgeschalteter Beleuchtung und Heizung zu belassen; gefüttert wird wenig.

Ernährung: In jeder Altersstufe kann zwar tierische Nahrung aufgenommen werden, wie beispielsweise Regenwürmer, Gehäuseschnecken oder die im Zoofachhandel erhältlichen Heuschrecken, doch überwiegt besonders bei adulten Exemplaren der Bedarf an Pflanzen. Dies geht soweit, dass mehrjährige Fluss-Schmuckschildkröten fast ausschließlich Pflanzen (z. B. Wasserlinsen, Löwenzahn, Eisberg- und Feldsalat) fressen und tierisches Futter ignorieren. Diese Vorliebe hat beträchtliche Auswirkungen auf die Wasserqualität im Aquaterrarium, die schnell unter den wieder ausgeschiedenen pflanzlichen Bestandteilen leidet.

Nachzucht: Notwendig für die erfolgreiche Nachzucht sind auch bei dieser Art die Geschlechtertrennung außerhalb der Paarungszeiten sowie ein Jahresrhythmus mit den notwendigen Temperaturbedingungen. Das Männchen nähert sich dem Weibchen und zeigt sein Balzspiel, bei dem es mit den langen Krallen zitternde Bewegungen ausführt. Kommt es zur Eiablage, werden aus der Nistgrube etwa neun, bei großen Tieren bis über 20 Eier geborgen und in einen Brutapparat gebracht. In der Natur würden die Eier nun 80–150 Tage für die Entwicklung benötigen, je nach Temperatur.

Literatur
FRITZ, U. (1991): Balzverhalten und Systematik in der Subtribus Nectemydina. 2. Vergleich oberhalb des Artniveaus und Anmerkungen zur Evolution. – Salamandra 27(3): 129–142.
HENNIG, A.S. (2003): Schmuckschildkröten aus Nordamerika. – DRACO 13, 4(1): 73–78.
MEIER, E. (1998): Wohin mit großen Schmuckschildkröten? – REPTILIA, Münster, 3(1): 24–27.
SEIDEL, M.E. (1994): Morphometric analysis and taxonomy of cooter and red-bellied turtles in the North American genus *Pseudemys* (Emydidae). – Chel. Cons. Biol. 1(2): 117–130.

Nicaragua-Schmuckschildkröte *Trachemys emolli* (LEGLER, 1990)

Nicht nur in Nordamerika gibt es Schmuckschildkröten; auch in Mittel- und Südamerika leben farbenprächtige Vertreter der Gattung *Trachemys*. Dank engagierter Schildkrötenliebhaber finden Nachzuchten auch tropischer Schmuckschildkrötenarten inzwischen häufiger den Weg in unsere Aquaterrarien. Es sind wunderschöne und für die Haltung empfehlenswerte Tiere, doch schon im Vorfeld sollte man sich darüber klar sein, dass sie je nach Art beträchtliche Größen erreichen können.

Verbreitung und Lebensraum: Das Verbreitungsgebiet der Nicaragua-Schmuckschildkröte ist nach bisherigen Untersuchungen auf den Managua- und den Nicaragua-See in Nicaragua sowie den oberen Río San Juan in Nicaragua und Costa Rica beschränkt.

Trachemys emolli ist eine sehr groß werdende, aber dennoch sehr ansprechende Schmuckschildkröten-Art. Foto: A. S. Hennig

Beschreibung und Größe: Der gelbe Bauchpanzer zeigt entlang der Mittelnaht und den Quernähten verlaufende schwarze Linien, die mal mehr, mal weniger breit bzw. flächig sind. Der Rückenpanzer zeigt die für viele tropische Schmuckschildkröten typische Ozellenzeichnung: Jeder Rippenschild weist jeweils einen kreisrunden Fleck auf. Die Randschilde erwecken den Eindruck, als wenn rings um den Rückenpanzer aneinander gereihte Flecken lägen. Die Haut hat gelbe Streifen; der breiteste ist der Schläfenstreifen, der eine Einschnürung im Bereich des Trommelfells aufweist. Bekannt sind Panzerlängen von über 30 cm (Weibchen) bzw. bis 30 cm (Männchen).

Haltung: Für solche großwüchsigen, schwimmgewandten Wasserschildkröten sollten Becken ab 2 m Länge das Minimum darstellen. Als Breite sind mindestens 50 cm vorzusehen, der Wasserstand sollte 50 cm nicht unterschreiten (abgesehen von einem möglichen Flachwasserbereich zum Schlafen). Kann man ein solches Becken zur Verfügung stellen und besetzt dieses mit nur zwei oder drei adulten Nicaragua-Schmuckschildkröten, hält sich der Pflegeaufwand in Grenzen, und man kann die eindrucksvollen Tiere wunderbar beim Schwimmen beobachten. Die Wassertemperatur beträgt im Sommerhalbjahr tagsüber 30 °C, in den Wintermonaten sollte sie am Tage nicht unter 20 °C sinken. Eine Winterruhe wie bei den nordamerikanischen *Trachemys*-Vertretern wird von der Nicaragua-Schmuckschildkröte nicht eingelegt. Genauso wenig ist die Art für eine Freilandhaltung geeignet. Ein Strahler beleuchtet und wärmt am Tage den stabilen Sonnenplatz (punktuell 40–45 °C), gegebenenfalls müssen für die allgemeine Beleuchtung noch Leuchtstofflampen installiert werden.

:::Nicaragua-Schmuckschildkröte:::

Rücken- und Bauchpanzeransicht eines adulten Weibchens von *Trachemys emolli*
Foto: A. S. Hennig

Ernährung: Verfüttert werden tierische und pflanzliche Bestandteile wie Wirbellose, Süßwasserfische, Salate und Wasserlinsen. Insbesondere im warmen Sommerhalbjahr muss das Futter täglich gereicht werden. Jungtiere erhalten überwiegend kleine Wirbellose wie Mückenlarven, Wasserflöhe, Asseln, kleine Regenwürmer usw.

Nachzucht: Bei gut konditionierten Weibchen kann es vom Frühjahr bis in die Herbstmonate zu Eiablagen im Monatsabstand kommen. Voraussetzung ist u. a. auch, dass das Männchen nur zur Verpaarung zum Weibchen gesetzt wird und dieses gerade in der Zeit der Eiproduktion nicht durch andauernde Paarungsversuche stresst. Gelegegrößen von bis zu 29 Eiern sind möglich. Die bis zu 40 mm großen Eier werden vorsichtig in einen Brutapparat gelegt. Bei Temperaturen von 32 °C verlassen die Schlüpflinge ihre Eihüllen nach rund 50 Tagen, bei 29 °C dauert die Entwicklung durchschnittlich etwa zehn Tage länger.

Literatur

GIEBNER, I. (2003): Haltung und Vermehrung der Nicaragua-Schmuckschildkröte *Trachemys scripta emolli* (LEGLER, 1990). – Radiata 12(3): 3–10.

IVERSON, J.B. (1992): A Revised Checklist with Distribution Maps of the Turtles of the World. – Richmond (Privately Printed), 363 S.

LEGLER, J. M. (1990): The genus *Pseudemys* in Mesoamerica: Taxonomy, distribution and origins. – S. 82–105 in GIBBONS, J. W. (Hrsg.): Life history and ecology of the slider turtle. – Smithsonian Institution Press, Washington D.C.

SEIDEL, M.E. (2002): Taxonomic Observations on Extant Species and Subspecies of Slider Turtles, Genus *Trachemys*. – J. Herpetol. 36(2): 285–292.

:::Zierschildkröte:::

Porträt der Östlichen Zierschildkröte (*Chrysemys picta picta*)
Foto: A. S. Hennig

Zierschildkröte
Chrysemys picta
(SCHNEIDER, 1783)

Farblich attraktiv, aber wesentlich kleiner als Schmuckschildkröten und daher für die Terrarienhaltung sehr geeignet sind die aus Nordamerika stammenden Zierschildkröten. Es gibt vier Unterarten, von denen die kleinste, die Südliche Zierschildkröte (*Chrysemys picta dorsalis*), und die mit dem größten Verbreitungsgebiet, die Westliche Zierschildkröte (*C. p. bellii*), näher vorgestellt werden sollen. Beachtet werden muss, dass Zierschildkröten seit August 2003 meldepflichtig ist – nicht, weil sie als stark bedroht gelten, sondern weil in den Ländern der Europäischen Union ausgesetzte Exemplare die dortige Fauna und Flora gefährden könnten.

Verbreitung und Lebensraum:
Das Vorkommen der Zierschildkröten erstreckt sich von Süd-Kanada großflächig über weite Teile der USA. Die Östliche Zierschildkröte (*C. p. picta*) kommt von Südost-Kanada entlang der Atlantikküste bis ins südliche Georgia vor. Die Südliche Zierschildkröte (*C. p. dorsalis*) lebt im Süden von Illinois und Missouri, am Mississippi entlang bis zur Küste in Louisiana. Sehr kleine isolierte Populationen gibt es in Oklahoma und Texas. Das Vorkommen von *C. p. marginata* (Mittelländische Zierschildkröte) erstreckt sich von Süd-Quebec und Süd-Ontario in Kanada bis Tennessee und Nord-Alabama. Die Westliche Zierschildkröte (*C. p. bellii*) findet man in Süd-Kanada (West-Ontario bis British Columbia), über Nord-Oregon, Ost-Colorado,

Ein Weibchen der Östlichen Zierschildkröte (*Chrysemys picta picta*) im Wasserbecken
Foto: A. S. Hennig

::: Zierschildkröte :::

 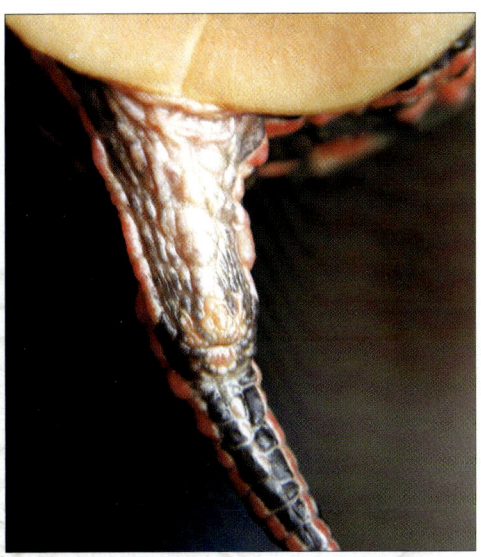

Unterscheidungsmerkmal der *Chrysemys*-Geschlechter sind neben den längeren Krallen an den Vorderfüßen der Männchen deren im Vergleich mit den Weibchen (links) längeren und dickeren Schwänze (rechts). Foto: A. S. Hennig

Wyoming und Idaho bis Nord-Oklahoma und Missouri. Kleinflächige Vorkommen gibt es in den südwestlichen USA; eine lokale Population existiert im mexikanischen Chihuahua.

Beschreibung und Größe: Der Bauchpanzer zeigt eine blassgelbe Grundfärbung; bei C. p. bellii ist er rötlich bis kräftig rot, bei C. p. marginata variiert die Farbe von Rot bis Gelb. C. p. picta und C. p. dorsalis haben einen zeichnungslosen Bauchpanzer, kleinere Flecken an der Mittelnaht können vorhanden sein. Kennzeichnend für C. p. marginata ist eine zentrale schwarze Zeichnung entlang der Symmetrieachse. Eine ausgesprochen üppige Bauchpanzerzeichnung entlang der Mittelnaht und an allen Quernähten besitzt C. p. bellii. Die Färbung des Rückenpanzers variiert von Grün über Oliv-/Schmutziggrün bis Schwarz. Seine Schildnähte sind besonders deutlich bei der Östlichen Zierschildkröte hell abgesetzt, bei der südlichen Unterart ist diese kräftige Markierung auch sehr häufig. Kennzeichnend für C. p. picta sind die wie in einer Linie geführten hellen, breiten Quernähte zwischen den 2. und 3. Rippenschilden – sie verlaufen fast gerade in die Quernaht zwischen 2. und 3. Wirbelschild. Die Westliche Zierschildkröte besitzt oft ein helles Netzmuster. Unverwechselbares Kennzeichen für C. p. dorsalis ist die orange bis rote Dorsallinie. Die Haut weist grüne oder dunkle Farbtöne mit gelben und roten Streifen auf.

Adulte Männchen bleiben kleiner als Weibchen (C. p. dorsalis: Männchen bis 11 cm, Weibchen meist 13–15; C. p. bellii: meist bis 15 bzw. bis 18 cm) und haben an den Vorderfüßen längere Krallen; zudem sind ihre Schwänze länger.

Haltung: Für die Unterbingung zweier Weibchen der Südlichen Zierschildkröte eig-

::: Zierschildkröte :::

Schlüpfling der Südlichen Zierschildkröte (*Chrysemys picta dorsalis*) mit noch anhaftender Eischwiele Foto: A. S. Hennig

nen sich Wasserbecken ab 100 cm Länge. Günstiger und bei der Westlichen Zierschildkröte auch erforderlich sind Becken ab 150 cm Länge und 50 cm Breite. Der Wasserstand sollte für die gewandten Schwimmer dabei so hoch wie möglich gewählt werden.

Harmonieren die Weibchen, kann auch ein drittes weibliches Exemplar integriert werden. Im Zweifelsfall oder bei erkennbarem Aggressionsverhalten werden die Tiere einzeln untergebracht. Männchen sind ohnehin von den Weibchen getrennt zu halten und nur zu Paarungsversuchen mit ihnen zu vergesellschaften. Überhaupt ist bei der Vergesellschaftung männlicher Zierschildkröten zu beachten, dass sie in Ermangelung von Weibchen auch andere Schildkröten anbalzen, unabhängig von deren Geschlecht – ein Stressfaktor für die anderen Schildkröten, der beachtet werden muss! Wie bei den schon besprochenen Schmuckschildkröten erhalten die Aquaterrarien für die lichthungrigen Zierschildkröten einen Sonnenplatz mit 40–

Zwei der vier Zierschildkröten-Unterarten besitzen eine Bauchpanzerzeichnung: *Chrysemys picta bellii* mit einer flächigen Zeichnung und *C. p. marginata*, deren Plastronzeichnung sich auf die Mittelnaht beschränkt.
Foto: A. S. Hennig

45 °C und einen Landteil für die Eiablage. In den Männchen-Becken kann auf einen mit Substrat gefüllten Landteil verzichtet werden – nicht jedoch auf den wichtigen Sonnenplatz in Form einer aus dem Wasser ragenden Wurzel oder einer Zierkorkröhre.

Für die Überwinterung wird bei beiden hier besprochenen Unterarten in den Herbstmonaten die Haltungstemperatur heruntergefahren. Parallel füttert man immer weniger. Für ungefähr 8–12 Wochen werden die Tiere bei etwa 10 °C Wassertemperatur überwintert; bei der Westlichen Zierschildkröte mit ihrem weiter nördlich liegenden Verbreitungsgebiet bieten sich auch Temperaturen von ca. 5 °C an.

Ernährung: Zierschildkröten sind Allesfresser. Bei Jungtieren überwiegt noch die tierische Nahrung, mit dem Alter kommen dann aber immer mehr pflanzliche Bestandteile hinzu. Gefressen werden in der Natur Algen, Wasserpest und -linsen oder sogar Teich- und Seerosen. Die Palette der Beutetiere reicht von Schlammröhrenwürmern über Wasserflöhe (auch bei erwachsenen Tieren!), Muscheln, Käfer- und Mückenlarven bis hin zu Regenwürmern und gelegentlich Aas (Fische).

Nachzucht: Biologisch notwendig, wirkt sich der Jahresrhythmus in Form eines warmen, nahrungsreichen Sommers und eines kühlen Winters stimulierend aus. Nach der Winterruhe werden die Geschlechter vergesellschaftet, und die Männchen beginnen meist sofort mit der Balz. Da die Weibchen mit Ausnahme der Paarungsversuche im Frühling und Herbst von den Männchen getrennt gehalten werden, reagieren sie auf ein gelegentlich hinzugesetztes Männchen wesentlich paarungsbereiter als bei einem im gesamten Jahr mit ihnen vergesellschafteten Exemplar. Kam es zur erfolgreichen Paarung, wird das Weibchen – einen ihm zusagenden Landteil vorausgesetzt – eine Nistgrube anlegen und die befruchteten Eier dort deponieren. Nach der vorsichtigen Entnahme der weichschaligen Eier werden diese in den bereitstehenden Brutapparat gelegt. Bei etwa 95 % Luftfeuchtigkeit und zwischen 25 und 30 °C schwankenden Inkubationstemperaturen dauert die Entwicklung etwa 57–65 Tage.

Porträt einer männlichen *Chrysemys picta bellii* Foto: A. S. Hennig

> **Literatur**
> HENNIG, A.S. (2003): Zierschildkröten. – Natur und Tier - Verlag, Münster, 80 S.
> HUMMEL, F., D. MOSIMANN, H. ARTNER & A. EYLANDER (2000): Bemerkungen zu den Zierschildkröten der Gattung *Chrysemys* GRAY, 1844 nebst Beobachtungen bei Haltung und Nachzucht der vier Unterarten *C. p. picta, C. p. bellii, C. p. dorsalis* und *C. p. marginata*. – Emys 7(3): 4–28.
> THIEME, U. (1998): Warum immer Rotwangen? Haltung und Vermehrung von Zierschildkröten der Gattung *Chrysemys*. – REPTILIA, Münster, 3(1): 28–32.
> WALZ, M. (1998): Haltung und Zucht der südlichen Zierschildkröte *Chrysemys picta dorsalis* AGASSIZ, 1857. – Die Schildkröte 1(4): 46–49.

Falsche Landkarten-Höckerschildkröte
Graptemys pseudogeographica (GRAY, 1831)

Beliebt und häufig im Zoohandel anzutreffen sind die Höckerschildkröten. Bei den vielen gewerblich angebotenen Babys handelt es sich neben der eigentlichen Falschen Landkarten-Höckerschildkröte (*G. p. pseudogeographica*) um die Mississippi-Höckerschildkröte (*G. p. kohnii*). Sind Männchen noch ganz handlich, erreichen Weibchen doch recht beachtliche Größen, die berücksichtigt werden müssen.

Verbreitung und Lebensraum: Das Verbreitungsgebiet der eigentlichen Falschen Landkarten-Höckerschildkröte erstreckt sich von Arkansas entlang von Mississippi und Missouri nach Norden bis Südwest-Minnesota und in den Süden von North Dakota. Die Mississippi-Höckerschildkröte findet man im Flusssystem des Mississippi – von der Mündung bis Süd-Illinois. Als Lebensraum nutzen beide Unterarten die genannten Ströme, deren Zu- und Abflüsse sowie stehende Gewässer, wie beispielsweise Altarme und Seen. Ausschlaggebend für die Habitatwahl sind eine üppige Unterwasservegetation sowie geeignete Sonnenplätze in Form aus dem Wasser ragender Baumstämme, -wurzeln etc.

Beschreibung und Größe: Der Rückenpanzer ist braun bis schmutzig oliv. Im Alter ist die jugendliche Netzzeichnung kaum noch zu erkennen. Ebenso verschwinden bzw. verblassen später die dunklen Linien auf dem hellen Bauchpanzer. Die Haut zeigt auf der grauen Grundfärbung ein stattliches Muster aus weißen bis gelben Streifen und Punkten. Zum korrekten Bestimmen der beiden Unterarten hilft ein Blick auf die Streifenzeichnung hinter den Augen: Bei *G. p. kohnii* sieht man deutlich eine helle „Sichel", die sich vom oberen Augenrand halbkreisförmig hinter dem Auge entlang bis zum unteren Rand zieht. Im Gegensatz dazu hört die Linie bei *G. p. pseudogeographica* in Augenhöhe auf, führt also nie bis zum unteren Rand wie bei der Mississippi-Höckerschildkröte.

Während Weibchen eine Carapaxlänge von bis zu 27 cm erreichen können, bleiben Männchen deutlich kleiner, etwa halb so groß. Als weiteres äußeres Geschlechtsmerkmal zeigen Männchen auffällig dickere Schwänze und längere Krallen an den Vorderfüßen. Weibliche Höckerschildkröten besitzen im Verhältnis breitere Köpfe als ihre männlichen Geschlechtsgenossen.

Haltung: Minimum für zwei weibliche Exemplare sind Wasserbecken mit 125 cm Länge und 50 cm Breite; für einzeln unterge-

Juvenile Mississippi-Höckerschildkröten (*Graptemys pseudogeographica kohnii*) besitzen noch eine konturenscharfe Bauchpanzerzeichnung. Foto: A. S. Hennig

Falsche Landkarten-Höckerschildkröte

brachte Männchen eignen sich Becken mit ca. 80–100 cm Länge. Der Wasserstand für die schwimmfreudigen Schildkröten sollte mindestens 40 cm betragen. Aus dem im Sommer tagsüber auf 26–28 °C erwärmten Wasser ragt ein Sonnenplatz, den ein Strahler lokal auf 40–45 °C erwärmt. Den Weibchen bietet man neben dem Sonnenplatz einen mit angefeuchtetem Substrat gefüllten Landteil an. Für eine Überwinterung werden über einen Zeitraum von 8–10 Wochen max. 10 °C gewährleistet.

Männliche *Graptemys pseudogeographica pseudogeographica*
Foto: A. S. Hennig

Ernährung: Falsche Landkarten-Höckerschildkröten sind Allesfresser. Neben einem bedeutenden Anteil an pflanzlicher Nahrung erbeuten sie in der Hauptsache Weichtiere, aber auch Insekten und deren Larven.

Nachzucht: Wie bei den anderen nordamerikanischen Wasserschildkröten beschrieben, werden auch bei den Falschen Landkarten-Höckerschildkröten nach dem Ende der Winterruhe die Geschlechter miteinander vergesellschaftet – am besten paarweise, damit ausgeschlossen wird, dass andere Schildkröten (auch derselben Art/Unterart) evtl. stören. So kann sich das Männchen ausschließlich um ein einziges Weibchen bemühen und es in den Tagen der gemeinsamen Haltung anbalzen. Wurden die Weibchen optimal ernährt, setzen große Exemplare meist um die 14 (*G. p. pseudoegographica*) bzw. bis zu acht Eier (*G. p. kohnii*) pro Gelege ab. Deren Inkubationszeit beträgt bei zwischen 29 und 31 °C schwankenden Temperaturen 54–71 Tage, bei etwa 22–25 °C verlängert sie sich auf 89 Tage.

Literatur
ERNST, C.H., J.E. LOVICH & R.W. BARBOUR (1994): Turtles of the United States and Canada. – Washington, London (Smithsonian Institution Press), 578 S.
HERTWIG, S. (2001): Ökologie, Haltung und Fortpflanzung im Terrarium von *Graptemys caglei, G. flavimaculata, G. nigrinoda nigrinoda* und *G. oculifera*. – Salamandra, Rheinbach, 37 (1): 21–48.
SCHULZ, S. (2001): Erfahrungsbericht über die Haltung und Zucht der Höckerschildkröten der Gattung *Graptemys*, im Besonderen von *Graptemys pseudogeographica pseudogeographica, Graptemys ouachitensis ouachitensis, Graptemys nigrinoda nigrinoda* und *Graptemys barbouri*. – Radiata, Haan, 10 (2): 3–14.
VOGT, R.C. (1980): Natural history of the map turtles *Graptemys pseudogeographica* and *G. ouachitensis* in Wisconsin. – Tulane Stud. Zool. Bot., 22: 17–48.

Chinesische Streifenschildkröte *Ocadia sinensis* (GRAY, 1834)

Verlassen wir nun den amerikanischen Zwillingskontinent und widmen wir uns einigen Vertretern der nicht weniger interessanten asiatischen Schildkrötenfauna. Von dort stammen mehrere Arten, die für die Haltung geeignet sind und deren Haltungsansprüche auch von Anfängern erfüllt werden können.

Porträt einer Chinesischen Streifenschildkröte (*Ocadia sinensis*) Foto: A. S. Hennig

Begonnen werden soll mit der Chinesischen Streifenschildkröte, die des Öfteren als Farmzucht (auf kommerziellen Schildkrötenfarmen produzierte Tiere) im Zoohandel auftaucht.

Verbreitung und Lebensraum: Das Verbreitungsgebiet dieser Art erstreckt sich von Südost-China bis Vietnam und Laos. Fundorte liegen ebenfalls auf den Inseln Hainan und Taiwan. Die Tiere leben in ruhigen Fließgewässern sowie in Seen, Tümpeln und Teichen.

Beschreibung und Größe: Der Rückenpanzer der Chinesischen Streifenschildkröte ist braun und zeigt bei Jungtieren drei deutliche Längskiele. Der gelbe Bauchpanzer wird von jeweils einem braunen Fleck pro Schild geziert. Auf der olivfarbenen oder grauen Haut zeichnen sich zahlreiche Streifen ab. Auch die Weibchen dieser Art werden deutlich größer (bis 25 cm Panzerlänge). Männchen besitzen einen längeren und breiteren Schwanz.

Haltung: Geeignet für die Unterbringung von 2–3 Weibchen (immer auf deren Verträglichkeit achten!) sind Aquaterrarien mit einer Grundfläche ab 140 x 50 cm (Wasserstand ab 30 cm). Das tagsüber ca. 28 °C warme Wasser kann von den Schildkröten über große Wurzeln, Stämme oder eingeklebte Glasstege (mit griffiger Auflage bekleben, z. B. flacher Kork) verlassen werden. Diese Aus-

Chinesische Streifenschildkröte

stiege werden punktuell mit einem Strahler beleuchtet (ca. 40–45 °C) und stellen zum einen den Sonnenplatz (die

Bauchpanzer von *Ocadia sinensis*
Foto: A. S. Hennig

Chinesische Streifenschildkröte neigt zu Nekrosen und Pilzen, daher muss der Sonnenplatz unbedingt trocken sein), zum anderen den Übergang zum mit Substrat gefüllten Landteil dar. Ein Wasserbecken für einzeln unterzubringende Männchen kann kleiner ausfallen (ab 80 cm Länge); ein Sonnenplatz mit darüber installiertem Strahler ist aber auch hier notwendig. In den Wintermonaten erfolgt eine mehrwöchige Ruheperiode bei abgeschalteter Beleuchtung und Heizung.

Ernährung: Schon Jungtieren wird regelmäßig pflanzliches Futter gereicht, ergänzt um Wirbellose wie Regenwürmer, Mückenlarven, Wasserflöhe und Asseln.

Nachzucht: Nach den Wintermonaten werden die Haltungstemperaturen wieder erhöht; die ansonsten voneinander getrennt gehaltenen Geschlechter werden nun zusammengesetzt. Bei abwechslungsreicher und hochwertiger Ernährung kann vom Weibchen pro Gelege über ein Dutzend Eier abgesetzt werden. Nach deren Überführung in einen beheizten Brutapparat schlüpfen die Jungtiere bei bis zu 30 °C Zeitigungstemperatur ab dem 48. Tag.

Literatur

ARTNER, H. (2000): Regelmäßige Nachzucht von *Ocadia sinensis* (GRAY, 1834) im Terrarium. – S. 117–122 in ARTNER, H. & E. MEIER (Hrsg.): Schildkröten Symposiumsband. – Natur und Tier - Verlag, Münster, 183 S.

ERNST, C.H. & R.W. BARBOUR (1989): Turtles of the World. – Smithsonian Institution Press, Washington, 313 S.

MEIER, E. (2000): Die Schildkröten Asiens: Heilige Tiere, Nahrungsmittel und medizinische Wunderwaffe. – REPTILIA, Münster, 5(2): 26–29.

SCHILDE, M. (2004): Asiatische Sumpfschildkröten. – Natur und Tier - Verlag, Münster, 192 S.

Chinesische Sumpfschildkröte *Mauremys mutica* (CANTOR, 1842)

Auch die Chinesische Sumpfschildkröte wird in einigen asiatischen Farmen gezüchtet, allerdings für Speisezwecke. Die meisten der in Europa gehaltenen Tiere gehen aber auf Nachzuchten engagierter Schildkrötenhalter zurück. Seit August 2003 ist diese Art (wegen der bedrohlichen Situation der asiatischen Schildkröten insgesamt) meldepflichtig – was aber niemanden davon abhalten sollte, diese interessante Schildkrötenart zu halten und zu vermehren!

Porträt einer weiblichen *Mauremys mutica mutica* Foto: A. S. Hennig

Verbreitung und Lebensraum: Die ursprünglichen Lebensräume der Chinesischen Sumpfschildkröte liegen in Süd-China, Nord-Vietnam und auf den Inseln Hainan und Taiwan. Die auf den japanischen Riukiuinseln lebenden Exemplare wurden als eine eigene Unterart (*Mauremys mutica kami*) beschrieben.

Beschreibung und Größe: Der Rückenpanzer dieser Art ist kastanienbraun und zeigt bei Jungtieren drei Längskiele, die im Alter abflachen. Der Bauchpanzer ist gelb; auf jedem Schild ist ein schwarzer Fleck zu sehen. Bein- und Halsoberseite sind graubraun, Halsunterseite und Beinansätze hell gelblich gefärbt. Hinter den Augen beginnt jeweils ein zum Halsansatz verlaufender gelber Streifen. Diese Farbe kann mit der Zeit aufhellen, sodass der Kopf insgesamt eher gelblich oder olivgrün erscheint.

Haltung: Ein Aquaterrarium für die Haltung zweier Weibchen der Chinesischen Sumpfschildkröte muss mindestens 120 cm Länge sowie 50 cm Breite aufweisen. Der Wasserstand beträgt bei diesen Maßen etwa 30 cm, bei größeren Becken und der Möglichkeit, die Wasseroberfläche über leicht erkletterbare und griffige Einrichtungsgegenstände zu erreichen, auch mehr. Bei großzügigen Platzverhältnissen (Becken ab 2 m Länge) können auch sacht ansteigende Ufer eingefügt werden. Das im Sommerhalbjahr tagsüber 25–28 °C warme Wasser wird im Herbst nicht mehr beheizt. Von November bis Februar folgen niedrigere Temperaturen: bei kürzeren Beleuchtungszeiten ca. 19 °C. Der Landteil weist eine Substrattiefe auf, die der Panzerlänge des größten adulten Tieres entspricht, mindestens jedoch 15 cm. Die Männchen werden von den Weibchen getrennt untergebracht (Grundfläche für ihr Wasserbe-

:::Chinesische Sumpfschildkröte:::

cken ab 100 x 40 cm). Ein Sonnenplatz muss eingerichtet werden.

Ernährung: Die Fütterung erfolgt abwechslungsreich auf tierischer und pflanzlicher Basis: Unter anderem werden Süßwasserfisch- und Muschelfleisch, Regenwürmer und Gehäuseschnecken gegeben, ergänzt mit Weintrauben, Johannis- oder Erdbeeren.

Nachzucht: Im zeitigen Frühling setzt man das Männchen zu einem Weibchen; meist kommt es noch am selben Tag zu Paarungen bzw. Paarungsversuchen. Nach einer, spätestens zwei Wochen wird das Männchen wieder aus dem Aquaterrarium des Weibchens genommen. Nun hat dieses wieder mehr Ruhe, um seine Energie in die Kräfte zehrende Eiproduktion zu investieren. Pro Gelege (meist zwei im Jahr) werden 2–4 Eier abgesetzt, die man im Brutapparat bei Temperaturen um 27 °C zeitigt; die Jungtiere schlüpfen dann nach etwa 74–75 Tagen.

Beispiel für ein Becken zur Haltung von *Mauremys mutica*
Foto: A. S. Hennig

Literatur
HENNIG, A.S. (2001): Haltung und Nachzucht der Chinesischen Sumpfschildkröte *Mauremys mutica* (CANTOR, 1842). – REPTILIA, Münster, 6(2): 56–58.
– (2002): Die Chinesische Sumpfschildkröte. – Datz Sonderheft Schildkröten: 54–55.
SCHILDE, M. (2004): Asiatische Sumpfschildkröten. – Natur und Tier - Verlag, Münster, 192 S.
VALENTIN, P. (2000): Das Ende asiatischer Schildkröten? Die Lebendtiermärkte Südostasiens. – REPTILIA, Münster, 5(2): 30–33.

Rücken- und Bauchpanzeransicht der Chinesischen Sumpfschildkröte (*Mauremys mutica mutica*) Foto: A. S. Hennig

Schwarze Dickkopfschildkröte *Siebenrockiella crassicollis* (GRAY, 1831)

Seit August 2003 ist diese Schildkröte mit dem „freundlichen Gesichtausdruck" wegen ihrer exzessiven Verwertung in asiatischen Küchen international geschützt und daher meldepflichtig – ein Grund mehr, Dickkopfschildkröten in Menschenobhut zu halten und zur Fortpflanzung zu bringen! Dies gilt umso mehr, als sich diese umgängliche Art auch sehr gut für Anfänger eignet.

Verbreitung und Lebensraum: Lebensräume fand die Art bisher in Myanmar, Thailand, Laos, Vietnam, Kambodscha, Malaysia sowie auf den zu Indonesien gehörenden Inseln Sumatra und Kalimantan (Borneo). Neben strömungsarmen Fließgewässern bevorzugen die Tiere Teiche und Tümpel.

Beschreibung und Größe: Bei dieser Art fällt besonders die lackschwarze Färbung des Rückenpanzers auf. Jungtiere zeigen darauf einen deutlichen Mittelkiel; der hintere Panzerrand ist bei ihnen gezackt. Der Bauchpanzer ist dunkel oder schwarz, kann aber bei älteren Exemplaren aufhellen. Die Haut zeigt unabhängig vom Alter verschiedene Grautöne. Das Gesicht weist eine markante Zeichnung in Form weißer Augenringe und ebenso gefärbter Hinteraugenflecken auf; das Kinn ist ebenfalls weißlich. Panzerlängen von bis zu 20 cm sind bei beiden Geschlechtern möglich. Männchen haben dickere Schwänze, doch tritt dieses Merkmal nicht so deutlich hervor wie bei anderen Arten.

Haltung: Für 2–3 Weibchen der Schwarzen Dickkopfschildkröte wird ein Aquaterrarium mit einer Grundfläche von 120 x 50 cm eingerichtet. Ein Landteil für die mögliche Eiablage ist einzuplanen. Dessen Fläche beträgt als Minimum 50 x 40 cm, die Substrattiefe sollte bei etwa 20 cm liegen. Im Sommer erwärmt man das Wasser auf Tagestemperaturen von 26–28 °C, im Winter auf 20–22 °C (für etwa zwei Monate werden Licht und Heizung reduziert). Es ist zu beachten, dass diese Art nicht mit anderen Wasserschildkrötenarten vergesellschaftet werden kann; sie ist mit ihrem insgesamt ruhigen Wesen recht stressempfindlich und leidet unter Gemeinschaftshaltung mit anderen, aktiveren Schildkröten. Ein Sonnenplatz, der auch als Ausstieg zum Landteil dient, wird kaum aufgesucht, ist jedoch für trächtige Weibchen notwendig. Der Ausstieg ist mit einer rauen Oberfläche griffig zu gestalten (z. B. Zierkorkröhre, Wurzel).

Für Männchen wird ein

Eine Schwarze Dickkopfschildkröte (*Siebenrockiella crassicollis*) im Wasserbecken Foto: A. S. Hennig

Schwarze Dickkopfschildkröte

Nachzucht: Bei warmen Frühlingstemperaturen kommt es schnell zu Paarungen, wenn die Geschlechter für einige Tage gemeinsam gehalten werden. Im Sommerhalbjahr können dann bis zu vier Gelege vergraben werden, die in der Regel nur aus jeweils einem einzelnen, aber sehr großen Ei bestehen. Bei Bruttemperaturen um 25 °C schlüpfen die Jungtiere nach 102–112, bei 28 °C nach 80–89 Tagen.

Literatur
HONEGGER, R.E. (1986): Zur Pflege und langjährige Nachzucht von *Siebenrockiella crassicollis* (GRAY, 1831). – Salamandra 22(1): 1–10.
LEHR, E. & R. HOLLOWAY (2002): Untersuchungen zum Schildkrötenhandel in Kambodscha. – REPTILIA, Münster, 7(5): 62–69.
SCHILDE, M. (1998): Beitrag zur Kenntnis von *Siebenrockiella crassicollis* (GRAY, 1831). – J. AG Schilkröten 7(1): 16–20.
– (2004): Asiatische Sumpfschildkröten. – Natur und Tier - Verlag, Münster, 192 S.

Rücken- (unten) und Bauchpanzeransicht (oben) einer adulten *Siebenrockiella crassicollis*
Foto: A. S. Hennig

Becken mit einer Grundfläche von 100 x 40 cm gestaltet, einschließlich Sonnenplatz (wird kaum genutzt, sollte aber dennoch eingebracht werden) und Versteckmöglichkeit.

Ernährung: Der Schwerpunkt liegt auf tierischer Nahrung und schließt Wirbellose wie Regenwürmer, Grillen und Gehäuseschnecken ein; kleine Süßwasserfische (frischtot oder aufgetaut) können ebenso gereicht werden.

Amboina-Scharnierschildkröte
Cuora amboinensis
(DAUDIN, 1802)

Verweilen wir noch ein wenig bei den spannenden asiatischen Schildkröten und widmen uns nun der Amboina-Scharnierschildkröte, einem Vertreter der nur in Asien lebenden Scharnierschildkröten der Gattung *Cuora*. Die Besonderheit dieser Gattung ist der bewegliche Bauchpanzer, mit dessen Hilfe die Tiere ihren Panzer schließen können. Gegen Ende der 1990er-Jahre waren Scharnierschildkröten noch sehr häufig im Zoohandel anzutreffen; inzwischen teilen sie aber das Schicksal zahlreicher anderer Tierarten ihres Verbreitungsgebietes: Auch die Amboina-Scharnierschildkröte wird maßlos in asiatischen Küchen sowie Apotheken als Fleischlieferant und Medizin-Rohstoff verbraucht. Daher zählen alle Vertreter der Gattung *Cuora* seit dem Jahr 2000 zu den international geschützten und daher meldepflichtigen Arten. Eigentlich wäre die Amboina-Scharnierschildkröte auf jeden Fall einem Anfänger in der Wasserschildkrötenhaltung zu empfehlen, doch nimmt dieser mit dem Erwerb einer Scharnierschildkröte aufgrund der fatalen Situation dieser Tiere gleich zu Beginn eine besondere Verantwortung auf sich.

Verbreitung und Lebensraum: Das Verbreitungsgebiet der Amboina-Scharnierschildkröte erstreckt sich von Bangladesch, Assam und den Nicobaren über Burma, Thailand, Kambodscha, Laos, Vietnam, Malaysia, Indonesien, Sulawesi und die Philippinen bis zu den Molukken. Bewohnt werden langsam fließende ebenso wie stehende Gewässer wie Teiche, Seen, Sümpfe und Tümpel. Sie sucht ihre Lebensräume auch in vom Menschen veränderten Landschaften, wie beispielsweise Reisfeldern.

Beschreibung und Größe: Das großflächige Verbreitungsgebiet wird von mehreren Formen bewohnt, die in verschiedene Unterarten eingeteilt wurden. Die hochrückige Form, *Cuora amboinensis kamaroma*, dürfte die in Menschenobhut am weitesten verbreitete Unterart sein. Die meist bis zu 20 cm Panzerlänge erreichenden Schildkröten haben einen dunkelbraunen bis schwarzen Rückenpanzer. Jungtiere besitzen auf seiner Mitte drei deutliche Längskiele, die im Alter immer mehr abflachen und schließlich verschwinden. Jeder Schild des gelblichen Plastrons zeigt einen dunklen Fleck. Der Kopf ist oberseits dunkel, unterseits gelb; die Kopfseiten weisen jeweils drei

Eine Amboina-Scharnierschildkröte der hochrückigen Unterart *Cuora amboinensis kamaroma* Foto: A. S. Hennig

gelbe, die Augen umschließende, waagerechte Streifen auf. Die Beine sind bräunlich bis grau. Weibchen haben schlankere Schwänze als ihre männlichen Artgenossen.

Haltung: In den Aquaterrarien (Grundfläche ab 120 x 50 cm, Wasserstand bei diesen Maßen etwa 30 cm) müssen die Tiere den Landteil leicht erreichen können – über breite Wurzeln, rutschfeste Natursteinplatten oder eingeklebte und mit griffigem Belag ausgestattete Glasstege. Als Sonnenplatz wird entweder der Ausstieg zum Landteil eingerichtet (darüber einen Spotstrahler installieren) oder bei großen Becken ein separater Platz. Dabei muss natürlich berücksichtigt werden, dass der Sonnenplatz für alle in diesem Becken gehaltenen Schildkröten (bei den vorgenannten Maßen zwei, höchstens drei Weibchen) ausreichend Fläche bietet. Auch bei dieser Art werden die Geschlechter außerhalb der Paarungszeiten getrennt gehalten – bei der Amboina-Scharnierschildkröte ist dieser Punkt nochmals besonders hervorzuheben, denn die Männchen dieser Art sind sehr rabiat und bedrängen die Weibchen massiv mit ständigen Paarungsversuchen. Das Wasser wird im Sommerhalbjahr tagsüber auf 25–28 °C erwärmt, im Winterhalbjahr wird die Temperatur um einige Grade reduziert.

Ernährung: Für die Fütterung bietet sich ein Mix aus pflanzlichen und tierischen Bestandteilen an. Es dominiert Grünes wie beispielsweise Löwenzahn, Salat und Wasserlinsen. Ergänzt wird der Speiseplan durch Regenwürmer, Gehäuseschnecken, gelegentlich Süßwasserfische usw.

Nachzucht: Eine erfolgreiche Verpaarung vorausgesetzt, legt das Weibchen pro Gelege bis zu vier befruchtete Eier. Werden

Bauchpanzeransicht einer Amboina-Scharnierschildkröte Foto: A. S. Hennig

sie vorsichtig in einen Inkubator überführt und dort bei 28–30 °C gezeitigt, schlüpfen die Jungtiere nach rund 60 Tagen.

Literatur

HELM, W. (2002): Meine Erfahrungen zu Haltung, Zucht und Aufzucht von *Cuora amboinensis kamaroma* RUMMLER & FRITZ, 1991. – Radiata 11(2): 23–29.

MANTHEY, U. & W. GROSSMANN (1997): Amphibien und Reptilien Südostasiens. – Natur und Tier - Verlag, Münster, 512 S.

RUMMLER, H.-J. & U. FRITZ (1991): Geographische Variabilität der Amboina-Scharnierschildkröte *Cuora amboinensis* (DAUDIN, 1802), mit Beschreibung einer neuen Unterart, *C. a. kamaroma* subsp. nov. – Salamandra 27(1): 17–45.

SCHILDE, M. (2004): Asiatische Sumpfschildkröten. – Natur und Tier - Verlag, Münster, 192 S.

Nackenstreifen-Sumpfschildkröte *Cyclemys shanensis tcheponensis* (BOURRET, 1939)

Bis in die 1990er-Jahre hinein wurden im Zoohandel immer wieder Sumpfschildkröten der Gattung *Cyclemys* fast stets als *C. dentata* angeboten. Tatsächlich handelte es sich jedoch meist um die Nackenstreifen-Sumpfschildkröte *C. shanensis tcheponensis*, die an dieser Stelle auch als Vertreter der südostasiatischen Dornschildkröten vorgestellt werden soll. Leider beschäftigten sich zunächst nicht so viele Liebhaber mit der Nachzucht dieser zugegeben eher unscheinbar braunen Schildkröte. Dies änderte sich aber, und im zeitlichen Gefolge der Revision der Gattung fanden auch immer mehr Schildkrötenhalter Interesse an ihr; erste Nachzuchterfolge ließen nicht lange auf sich warten. Dass Dornschildkröten in Menschenobhut regelmäßig zur Vermehrung gebracht werden, ist umso wichtiger, wenn man weiß, dass auch sie in Asien für Apotheke und Küche in existenzbedrohendem Ausmaß ihr Leben lassen müssen.

Verbreitung und Lebensraum: Vorkommen der Nackenstreifen-Sumpfschildkröte gibt es in Nord-Thailand, Laos und Nord-Vietnam, wahrscheinlich auch in China. Bewohnt werden verschiedenste Fließ- und Stillgewässer.

Beschreibung und Größe: Die insgesamt recht dunkel gefärbte Art zeigt lediglich an Kopf und Hals helle Zeichnungselemente in Form von Hals- und Kehlstreifen sowie dunklen Punkten auf hellbrauner Kopfoberseite. Das braune Plastron hat eine dichte schwarze Strahlenzeichnung. Jung-

Eine Nackenstreifen-Sumpfschildkröte auf dem Sonnenplatz Foto: A. S. Hennig

Porträt einer weiblichen *Cyclemys shanensis tcheponensis* Foto: A. S. Hennig

tiere der in beiden Geschlechtern bis zu 24 cm Panzerlänge erreichenden Schildkröte zeigen bei ihrer Zeichnung noch deutliche Hell-Dunkel-Kontraste. Männchen haben dickere Schwanzwurzeln, doch ist der Unterschied zu den Schwänzen der Weibchen nicht sehr ausgeprägt.

Haltung: Für die Pflege dieser Art sind Aquaterrarien ab 130 cm Länge, 50 cm Breite und einem Wasserstand von 40 cm empfehlenswert. Darin können 2-3 Weibchen untergebracht werden; Männchen werden in anderen Becken gehalten und nur zur Paarung hinzugesellt. Der Landteil im Weibchen-Becken hat die Mindestfläche von 50 x 40 cm und weist eine Substrattiefe von 25-30 cm auf. Bei der Einrichtung des Sonnenplatzes muss beachtet werden, dass bei der Haltung mehrerer Weibchen ausreichend Fläche vorhanden ist, damit sich alle Exemplare dieser großwüchsigen Art gleichzeitig sonnen können. Die Wassertemperatur beträgt tagsüber 26-30 °C, in den Wintermonaten fällt sie auf 22 °C; die Beleuchtungszeit wird dabei auf wenige Stunden reduziert.

Ernährung: *Cyclemys s. tcheponensis* ernährt sich omnivor. Verfüttert werden daher tierische (u. a. Regenwürmer, Süßwasserfische) und pflanzliche Bestandteile (Salat, Löwenzahn usw.).

Nachzucht: Werden die Geschlechter vergesellschaftet, kommt es bald zur Kopulation. Die Weibchen setzen später 2-4 sehr große Eier pro Gelege ab. Im Inkubator kommt es bei 28 °C und hoher Luftfeuchte nach 73-76 Tagen zum Schlupf der Jungtiere.

Literatur
FRITZ, U., M. GAULKE & E. LEHR (1997): Revision der südostasiatischen Dornschildkröten-Gattung *Cyclemys* BELL, 1834, mit Beschreibung einer neuen Art. – Salamandra 33(3): 183–212.
SCHILDE, M. (2004): Asiatische Sumpfschildkröten. – Natur und Tier - Verlag, Münster, 192 S.
– & E. LEHR (2002): Zur Haltung und Nachzucht von *Cyclemys tcheponensis* (BOURRET, 1939). – Radiata 11(1): 31–34.
ZIEGLER, T. (2002): Herpetologisch Neues aus einem der letzten Tieflandfeuchtwälder Vietnams. – REPTILIA, Münster, 7(3): 41–48.

Rotbauch-Spitzkopfschildkröte
Emydura subglobosa
KREFFT, 1876

Wandern wir gedanklich noch weiter ostwärts, erreichen wir Neuguinea und südlich davon auch den australischen Kontinent. Hier liegen die Lebensräume der Rotbauch-Spitzkopfschildkröte. Das „Rot" im Namen ist Programm und zugleich ein Hinweis auf ihre Attraktivität. Die Haltungsansprüche dieses dankbaren Pfleglings sind leicht zu befriedigen. Andere Vertreter der Gattung *Emydura* sind nicht minder interessant, doch bei weitem nicht so farbenprächtig (z. B. *E. krefftii*, *E. macquarrii*).

Verbreitung und Lebensraum: Die Rotbauch-Spitzkopfschildkröte kommt im südlichen Neuguinea sowie im nördlichen Australien (Norden der Cape-York-Halbinsel) vor. Dort lebt sie in Flüssen, größeren Stillgewässern und Sümpfen.

Beschreibung und Größe: Die Rotbauch-Spitzkopfschildkröte hat einen flachen braunen Rückenpanzer. Der rote Bauchpanzer ist im Bereich der Mittelnaht aufgehellt bis cremefarben. Die Weichteile sind hell- bis dunkelgrau. Ein breiter, weißlich gelber Streifen führt von der Nasenspitze am Auge entlang bis auf Schläfenhöhe. Der Oberkiefer ist hell abgesetzt, der Unterkiefer rot. Vor allem bei Männchen sieht man auf der Haut rötliche Punkte, deren Intensität variieren kann. Weibchen können bis zu 26 cm Rückenpanzerlänge erreichen, Männchen bleiben kleiner und erreichen meist kaum 20 cm Rückenpanzerlänge.

Haltung: Diese gewandten und kräftigen Schwimmer benötigen Wasserbecken ab einer Grundfläche von 150 x 50 cm. Der Wasserstand sollte mindestens 40 cm betragen. Obwohl sich die Schildkröten nicht häufig sonnen (meist nur trächtige Weibchen), ist ein Sonnenplatz mit dem obligatorischen Strahler (punktuell 40–45 °C) einzurichten. Pflegt man erwachsene Weibchen, wird ein Landteil ab einer Grundfläche von 50 x 40 cm mit grabfähigem Substrat (Sand, Sand-Erde-Gemisch) gefüllt. Einrichtungsgegenstände im Wasser (Wurzeln, größere Steine etc.) sollten stabil verankert sein, denn wenn ein adultes Weibchen ab ca. 20 cm Panzerlänge „durchstartet" (z. B. wenn es erschrocken ist), kann lose oder locker installiertes Zubehör Schaden nehmen. Insbesondere größere Steine können dann, wenn sie verrutschen, evtl. die Aquarienscheibe oder die Tiere selbst beschädigen. Hinsichtlich der Haltungstemperatur ist ein Jahresrhythmus anzuraten (5–6 Monate ca. 28–30 °C, die restlichen Monate etwa 22–25 °C Wassertemperatur).

Ernährung: Das übliche tierische Futterspektrum – u. a. Regenwürmer, Insekten, Süßwasserfisch – wird ergänzt durch pflanzliche Nahrung

Die Rotbauch-Spitzkopfschildkröte ist hervorragend für die Haltung geeignet. Foto: A. S. Hennig

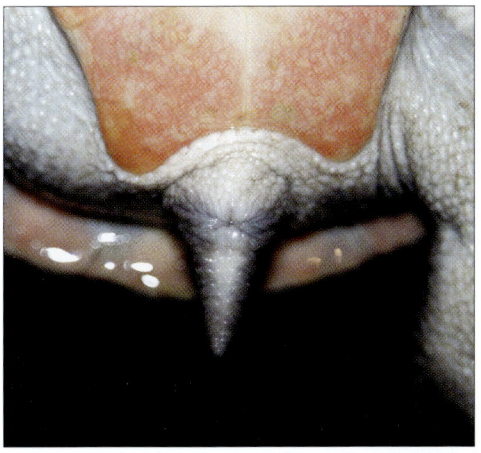 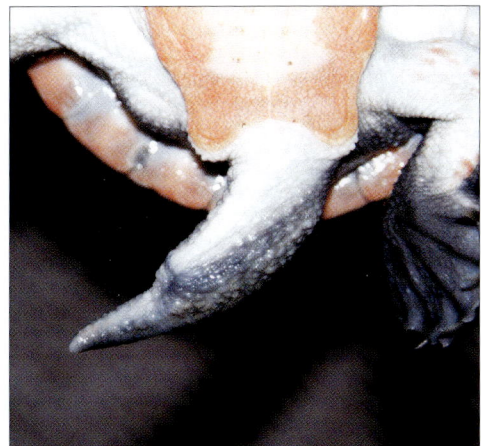

Männchen (rechts) haben einen überdeutlich langen und dicken Schwanz, bei Weibchen (links) ist er kurz und relativ dünn. Fotos: A. S. Hennig

wie Rote Johannisbeeren oder Weintrauben. Es kann auch Grünes, z. B. Löwenzahn, gegeben werden, doch ist die Akzeptanz pflanzlichen Futters sehr unterschiedlich. Jungtiere bekommen in erster Linie kleine Wirbellose wie Mückenlarven, Wasserflöhe, Asseln usw.

Nachzucht: *Emydura subglobosa* zeigt ein interessantes Balzverhalten. Das zur Paarung mit dem Weibchen vergesellschaftete Männchen beriecht zunächst dessen Analregion. Dann schwimmt es so, dass die Köpfe ungefähr auf gleicher Höhe sind; die Schnauzenspitzen können sich berühren. Das Männchen nickt mit dem Kopf und fächert mit einem Vorderbein am Kopf des Weibchens; dabei berührt es häufig mit seiner Nase das Gesicht der Partnerin. Anschließend schwimmt das Männchen hinter das Weibchen und reitet auf. Werden männliche Rotbauch-Spitzkopfschildkröten außerhalb der Paarungszeit mit anderen Schildkröten in einem Becken gehalten, werden diese – selbst wenn es sich um Männchen anderer Arten handelt – ebenfalls ausdauernd angebalzt. Um Stress zu vermeiden, sollten ständig balzende Männchen im Zweifelsfall allein gehalten werden. Hat das Weibchen einen ihm zusagenden Platz für die Eiablage gefunden, setzt es durchschnittlich zehn hartschalige Eier pro Gelege ab. Mehrere Eiablagen in einer Saison sind möglich. Die Eigrößen schwanken in der Regel zwischen 33 und 40 mm, der Durchmesser liegt meist bei 17–18 mm. Bei Bruttemperaturen zwischen 27 und 30 °C schlüpfen die kleinen Schildkröten nach etwa 45–50 Tagen.

Literatur
BUDISCHEK, A. (2001): Haltung und Zucht der Rotbauch-Spitzkopfschildkröte *Emydura subglobosa* (KREFFT, 1876) in der F2-Generation. – Emys 8(1): 4–18.
CANN, J. (1979): Tortoises of Australia. – Angus & Robertson, London, 79 S.
FRITZ, U., D. JAUCH & H. JES (1991): Langzeit-Beobachtungen bei der Haltung und Nachzucht der Rotbauch-Spitzkopfschildkröte (*Emydura albertisii*). – Zeitschr. Kölner Zoo 34(4): 131–139.
JUNGNICKEL, J. (1990): Daten zur Fortpflanzung der Rotbauch-Spitzkopfschildkröte, *Emydura australis subglobosa*, in Gefangenschaft. – herpetofauna, Weinstadt, 12(68): 11–14.

McCords Schlangenhalsschildkröte
Chelodina mccordi
RHODIN, 1994

Verweilen wir doch noch ein wenig in der Region und richten unser Augenmerk auf die kleine indonesische Insel Roti, südwestlich von Timor: Nur hier lebt McCords Schlangenhalsschildkröte, die wie die zuvor vorgestellte Rotbauch-Spitzkopfschildkröte zu den Halswender-Schildkröten zählt. Im Gegensatz zu den Halsberger-Schildkröten, den Cryptodira, können die Halswender ihren Kopf nur seitlich unter dem vorderen Carapaxrand anlegen – die Halsberger ziehen Kopf und Hals horizontal in gerader Linie in den Panzer zurück. Weil diese Art nur auf einer einzigen Insel vorkommt und innerhalb weniger Jahre nach ihrer wissenschaftlichen Beschreibung in großen Stückzahlen abgesammelt wurde, zählt sie zu den gefährdeten Spezies – ein Grund mehr, diesen dankbaren Pflegling kontinuierlich in Menschobhut zu vermehren. McCords Schlangenhalsschildkröte ist eine gut haltbare, relativ kleine Schlangenhalsschildkrötenart und daher gut für die Pflege im Aquaterrarium geeignet.

Verbreitung und Lebensraum: Die Art lebt in verschiedenen Gewässern auf der Insel Roti im Süden Indonesiens.

Beschreibung und Größe: Die nur wenig über 20 cm Panzerlänge erreichende Art (Männchen meist um die 17 cm) zeigt den für die Schlangenhalsschildkröten der Gattung *Chelodina* typischen ausgeprägt langen Hals (Name!). Der Carapax ist einfarbig braun, das helle Plastron besitzt an den Schildnähten dunkle Färbungen. Die Randschilde sind hell und zeichnungslos. Sowohl die Kopf- und Halsoberseite als auch die Oberseiten der Extremitäten sind

Hier kann man gut erkennen, warum dieses Tier Schlangenhalsschildkröte heißt. Foto: M. Schmidt

dunkelgrau, unterseits cremefarben. Die Haut ist mit vielen kleinen Tuberkeln übersät, wirkt also recht rau. Die Schwänze der Männchen sind etwas länger und an der Wurzel breiter; der Unterschied ist aber nicht so deutlich wie bei anderen Arten. Insgesamt wirken die kleineren Männchen zierlicher als die größeren Weibchen.

Haltung: Bei diesen Tieren handelt es sich in der Regel um verträgliche und nicht aggressive Schildkröten. Dennoch ist es auch bei ihnen angebracht, die Geschlechter zu trennen und nur zu Fortpflanzungszwecken für jeweils einige Tage in einem gemeinsamen Becken zu halten. Für die Unterbringung dieser guten Schwimmer eignen sich Wasserbecken ab 120 cm Länge (besser 150–200 cm) und 50 cm Breite. Der Wasserstand sollte mindestens 40 cm betragen, um den aktiven Schildkröten möglichst viel Bewegungsraum zu bieten. Es werden ganzjährig Wassertemperaturen von tagsüber 25–30 °C (Lufttemperatur stets etwas darüber) geboten. Ein Sonnenplatz (lokal 40–45 °C) wird meist nur von trächtigen Weibchen aufgesucht. Wurzeln oder Ähnliches ergänzen die Einrichtung; diese werden beispielsweise als Schlafplätze genutzt, wenn sie den Tieren erlauben, im flachen Wasser zu ruhen. Wasserbecken, in denen adulte Weibchen gehalten werden, erhalten einen Landteil zur möglichen Eiablage. Einzelne Tiere können sich angewöhnen, beim Anblick des Pflegers aufgeregt umherzuschwimmen. In Erwartung des Futters paddeln sie mit lang ausgestrecktem Hals an der Wasseroberfläche. Eine andere Reaktion auf den Pfleger ist das Kopfnicken:

Rücken- (unten) und Bauchpanzeransicht (oben) von *Chelodina mccordi* Foto: A. S. Hennig

Taucht das Tier und positioniert man sich selbst mit dem Kopf in Augenhöhe der Schildkröte, nickt die Schildkröte in Blickrichtung zum Pfleger; Vergleiche mit einem

Schluckauf sind nicht von der Hand zu weisen (es ist aber keiner!).

Ernährung: Die tierische Futterpalette reicht von Mückenlarven über Regenwürmer bis zu kleineren ganzen Süßwasserfischen.

Nachzucht: Kommt es zur Kopulation, krallt sich das aufreitende Männchen nach Möglichkeit am Panzerrand der Partnerin fest, reißt dabei sein Maul auf und bewegt den Kopf am lang ausgestreckten Hals heftig hin und her. Dabei kommt es vor, dass es sich nicht mehr richtig festhalten kann. Dann steckt nur noch als einzige „Verbindung" der Penis in der Kloakenöffnung des Weibchens, und der Körper des Männchens steht, auf den menschlichen Betrachter recht hilflos wirkend, senkrecht hinter der Geschlechtspartnerin, oder er kippt sogar hintenüber. Bis zu 15 Eier (meist um die zehn) werden vom Weibchen im warmen und angefeuchteten Substrat des Landteiles vergraben. Überführt man die geborgenen Eier vorsichtig in einen Inkubator und brütet sie bei Temperaturen zwischen 26 und 29 °C, dauert es bis zum Schlupf ungefähr drei Monate. Wegen der möglichen Entwicklungspausen im Ei kann die Inkubationsdauer schwanken.

Literatur

FONTIJNE, W. (2001): Schlangenhalsschildkröten: Das Zuchtbuch *Chelodina*. – Radiata 10(4): 21–22.

GROSSMANN, P. (1988): Beobachtungen an und Nachzucht von *Chelodina novaeguineae* (BOULENGER, 1888). – Sauria 10(2): 7–11.

RHODIN, A.G.J. (1994): Chelid turtles of the Australasian Archipelago: II. A new species of *Chelodina* from Roti Island, Indonesia. – Breviora 498: 1–31.

SCHULZ, D. (2000): Schlangenhalsschildkröten der Gattung *Chelodina* – eine unwiderstehliche Faszination. – S. 129–135 in ARTNER, H. & E. MEIER (Hrsg.): Schildkröten Symposiumsband. – Natur und Tier - Verlag, Münster, 183 S.

Glattrücken-Schlangenhalsschildkröte
Chelodina longicollis (SHAW, 1802)

Als weiterer Vertreter der Schlangenhalsschildkröten sei die in Australien lebende *Chelodina longicollis* vorgestellt. Sie wird zwar etwas größer als die zuvor beschriebene *C. mccordi*, doch gehört sie ebenfalls zu den gut haltbaren und bei richtiger Pflege auch zu vermehrenden Wasserschildkröten.

Verbreitung und Lebensraum: Die Art ist in Sümpfen, Flüssen und deren Altarmen im Südosten Australiens zu finden.

Beschreibung und Größe: Die meist bis zu 25 cm Rückenpanzerlänge erreichenden Schildkröten sind schlicht gefärbt: Der schwarzbraune Rückenpanzer und der Bauchpanzer, dessen helle Schilde von breiten, dunklen Nähten umrahmt sind, lassen die Art farblich nicht besonders attraktiv erscheinen. Doch in Verbindung mit dem für Schlangenhalsschildkröten markanten, ausgesprochen langen Hals handelt es sich dennoch um eine ansprechende und vor allem hochinteressante Schildkröte. Männchen besitzen zwar einen etwas längeren und an der Basis breiteren Schwanz als Weibchen, doch sieht man den Unterschied am besten im direkten Vergleich der Geschlechter.

Haltung: Für erwachsene Tiere sollte ein Aquaterrarium, besetzt mit bis zu drei Weibchen, mit einer Länge ab 150 cm eingeplant werden; die Breite ist mit etwa 50 cm zu berechnen. Den guten Schwimmern sollte ein Wasserstand von 40–50 cm angeboten werden. Weibchen stellt man einen großzügigen Landteil mit einer Grundfläche von mindestens 50 x 50 cm (Substrattiefe ca. 30 cm) zur

:::Glattrücken-Schlangenhalsschildkröte:::

Rücken- (links) und Bauchpanzeransicht (rechts) von *Chelodina longicollis* Foto: A. S. Hennig

Porträt von *Chelodina longicollis* Foto: A. S. Hennig

:::Glattrücken-Schlangenhalsschildkröte:::

Schlüpfling der Glattrücken-Schlangenhalsschildkröte Foto: A. S. Hennig

Verfügung. Erreichbar sind Landteil und Sonnenplatz (lokal 40–45 °C; wird meist nur von trächtigen Weibchen genutzt) beispielsweise über fest verankerte Wurzeln, die aus dem Wasser ragen und es den Tieren erlauben, über diese die trockenen Bereiche des Aquaterrariums aufzusuchen. Für die kleiner bleibenden Männchen können die Becken kleiner ausfallen; auch wenn ein Sonnenplatz mit einem darüber befindlichen Strahler von ihnen nicht regelmäßig aufgesucht wird, gehört er doch zur Ausstattung. Ist bei uns auf der Nordhalbkugel Sommer, herrschen im Süden – so auch im Verbreitungsgebiet der Glattrücken-Schlangenhalsschildkröte – kühlere Temperaturen als in den Monaten um den Jahreswechsel herum. Es ist aber möglich (und wird auch erfolgreich praktiziert), den Jahresrhythmus der Tiere „umzudrehen", d. h. in unserem Sommer werden sie entsprechend warm gehalten, im Winterhalbjahr werden die Temperaturen gedrosselt. So werden die Schildkröten im Sommer bei tagsüber 25–30 °C Wassertemperatur gehalten. Im Winter liegt die Temperatur bei ca. 15 °C, um im Frühjahr wieder anzusteigen.

Ernährung: Die Schlangenhalsschildkröten erhalten Wirbellose (Bachflohkrebse, Mückenlarven, Regenwürmer, Grillen) sowie ganze, etwa fingerlange Süßwasserfische oder in Streifen geschnittenes Süßwasserfischfleisch.

Nachzucht: Kam es nach dem Zusammensetzen der Geschlechter zu erfolgreichen Paarungen, vergräbt das Weibchen bis zu 18 hartschalige Eier. Diese werden bei 27–30 °C und etwa 95 % Luftfeuchtigkeit inkubiert; die Jungtiere schlüpfen dann nach ca. 8–10 Wochen.

Literatur
BUDDE, H. (1983): Durch Nachzucht erhalten: Die Australische Schlangenhalsschildkröte. – Aquarien Magazin 83(10): 514–520.
LANGULA, J. (1990): Haltungserfahrungen mit australischen Schlangenhalsschildkröten (*Chelodina longicollis*) sowie gelungene Nachzucht der Neuguinea-Schlangenhalsschildkröte (*Chelodina novaeguineae*). – elaphe 12(1): 1–4.
SCHULZ, D. (1997): Die Haltung und Nachzucht der Schlangenhalsschildkröte *Chelodina longicollis* SHAW, 1802. – Emys 4(5): 22–30.
THIEME, U. (1998): Zwei problemlos zu haltende Schlangenhalsschildkröten: *Chelodina longicollis* und *Chelodina novaeguineae*. – REPTILIA, Münster, 3(4): 43–48.

Buckelschildkröte
Mesoclemmys gibba
(SCHWEIGGER, 1812)

Gleiche Familie wie die zuvor besprochene Art – aber anderer Kontinent: Schlangenhalsschildkröten der Familie Chelidae leben nicht nur in der australasiatischen Region, sondern auch in Südamerika. Dort finden wir die Krötenkopfschildkröten der Gattungen *Batrachemys*, *Bufocephala*, *Phrynops*, *Ranacephala*, *Rhinemys* und *Mesoclemmys*. Ein Vertreter dieser Gruppe sei hier stellvertretend vorgestellt und für die Haltung empfohlen: *Mesoclemmys gibba*, die Buckelschildkröte.

Verbreitung und Lebensraum: Fundorte dieser Art liegen in Peru, Ecuador, Kolumbien, Südwest- und Ost-Venezuela, Guyana, Surinam und Französisch-Guayana. Als Lebensraum wählt sie schlammige und ruhige Gewässer.

Beschreibung und Größe: Der flache Rückenpanzer ist dunkelbraun bis schwarz, der Bauchpanzer bräunlich, bei jüngeren Exemplaren am Rand aufgehellt. Die helle Unterseite der Randschilde wird mit zunehmendem Alter aber ebenfalls dunkler. Der recht breite Kopf und der Hals sind grau bis fast schwarz, unterseits aufgehellt. Die Haut an den Extremitäten variiert ebenfalls und ist schmutzig gelb bis dunkelgrau gefärbt. Am Kinn befinden sich zwei Barteln. Die Tiere erreichen meist Panzerlängen bis zu 19 cm. Adulte Männchen haben längere und dickere Schwänze; ihre Analöffnung ist mehr zum Schwanzende hin verschoben als bei Weibchen.

Haltung: Ein Becken ab 120 cm Länge und 50 cm Breite wird etwa 30 cm hoch mit Wasser gefüllt. Der mit Substrat gefüllte Landteil (Grundfläche ab 50 x 40 cm) dient wie bei den anderen Arten auch zur Eiablage.

Die Buckelschildkröte (*Mesoclemmys gibba*) gehört zu den Südamerikanischen Krötenkopfschildkröten Foto: M. Schilde

:::Buckelschildkröte:::

Mesoclemmys gibba Foto: M. Schilde

Der Sonnenplatz wird von den Tieren nicht regelmäßig aufgesucht. Versteckplätze im Wasser, beispielsweise eine dunkle Ecke unter dem Landteil, für halbwüchsige Tiere ein Firstziegel oder für Jungtiere ein Bündel Kunstpflanzen sind notwendig. Richtet man sich nach dem Jahresrhythmus im Verbreitungsgebiet, bietet man den Schildkröten im Sommer Wassertemperaturen von tagsüber etwa 25 °C, im Winter bis 28 °C. Die Lufttemperaturen liegen stets etwas darüber.

Ernährung: In der Natur erbeuten Buckelschildkröten u. a. Frösche und Würmer. In Menschenobhut reichen wir ihnen Wirbellose, z. B. Regenwürmer und Grillen, ergänzt um Süßwasserfische bzw. in Streifen geschnittene größere Fische.

Nachzucht: Bietet man geschlechtsreifen Buckelschildkröten den oben erwähnten Jahresrhythmus mit saisonalen Temperaturschwankungen, kann es nach dem Vergesellschaften der Geschlechter zur erfolgreichen Paarung und wenige Wochen später zur Ablage befruchteter Eier (in der Regel 3–4 pro Gelege) kommen. Die hartschaligen Eier werden bei Temperaturen von 25–30 °C inkubiert. Dann können nach 150 Tagen die ersten Schlüpflinge die schützende Eihülle verlassen – es kann aber auch unter gleichen Bedingungen über 200 Tage dauern, bis es zum Schlupf kommt.

Literatur
GROSSMANN, P. (1989): Beiträge zur Haltung und Nachzucht der Buckelschildkröte *Phrynops (Mesoclemmys) gibbus* (SCHWEIGGER, 1812). – Sauria 11(3): 11–15.
MCCORD, W.P., M. JOSEPH-OUNI & W.L. LAMAR (2001): A Taxonomic Reevaluation of *Phrynops* (Testudines: Chelidae) with the Description of two new Genera and a new Species of *Batrachemys*. – Revista de Biología Tropical 49(2): 715–764.
MEDEM, F. (1973): Beiträge zur Kenntnis über die Fortpflanzung der Buckel-Schildkröte, *Phrynops (Mesoclemmys) gibbus*. – Salamandra 9(3/4): 91–98.
PRITCHARD, P.C.H. & P. TREBBAU (1984): The Turtles of Venezuela. – Society for the Study of Amphibians and Reptiles, Oxford, 537 S.

Europäische Sumpfschildkröte
Emys orbicularis
(LINNAEUS, 1758)

Es müssen nicht immer Wasserschildkrötenarten anderer Kontinente sein, derer man sich annimmt. Auch in Europa gibt es hochinteressante Spezies, deren Pflege sehr gut möglich ist und Freude bereitet. Neben der Westasiatischen Bachschildkröte (*Mauremys caspica*), der Maurischen Bachschildkröte (*Mauremys leprosa*) und der Kaspischen Bachschildkröte (*Mauremys rivulata*) ist es vor allem die Europäische Sumpfschildkröte (*Emys orbicularis*), die sehr gut zu halten ist und von vielen Schildkrötenliebhabern regelmäßig nachgezogen wird. Gerade wenn man plant, Wasserschildkröten im Sommer im Teich zu halten, bietet sich diese Art für eine Haltung an. Beachtet werden muss allerdings, dass es sich – wie für alle europäischen Reptilien zutreffend – um eine geschützte Art handelt, deren Besitz gegenüber den Behörden meldepflichtig ist.

Gesamtansicht von *Emys orbicularis* Foto: A. S. Hennig

Verbreitung und Lebensraum: In mehrere Unterarten aufgeschlüsselt, ist *Emys orbicularis* in weiten Teile Europas sowie im angrenzenden Südwestasien und im Nordwesten Afrikas zu finden. Sie besiedelt unterschiedlichste Gewässer wie ruhig fließende Bäche, Altarme, Gräben, Teiche, Seen oder auch Tümpel, die Sonnenplätze in Form aus dem Wasser ragender Baumstümpfe, ins Wasser gefallener Baumstämme o. Ä. aufweisen und möglichst vegetationsreich sind.

Beschreibung und Größe: Der meist schwarzbraune Rückenpanzer der Europäischen Sumpfschildkröte weist je nach Unterart ein unterschiedlich ausgeprägtes Muster aus gelben Punkten bzw. Strichen auf. Der gelbliche Bauchpanzer zeigt dunkle Flecken. Die dunkle Haut ist ebenfalls gelb bis blassgelb gepunktet. Carapaxlängen bis 20 cm sind möglich, die meisten Unterarten erreichen Längen um die 15–17 cm (abhängig von Geschlecht und Unterart). Männchen haben eine breitere Schwanzwurzel als Weibchen.

Haltung: Hält man die Art im Zimmerbecken, sind für bis zu drei Weibchen Aquarien ab 120 cm Länge und 50 cm Breite notwendig; der Wasserstand sollte mindestens 40 cm betragen. Ein Sonnenplatz ist erforderlich (aus dem Wasser ragende Wurzeln, fest montierter Zierkork usw.), auf dem sich die Schildkröten am Tage auf ihre Vorzugstemperatur aufwärmen können. Dazu wird ein Strahler installiert, der eine Temperatur von lokal 40–45 °C gewährleistet. Das Wasser wird im Sommerhalbjahr tagsüber auf etwa 25 °C geheizt. Ein Landteil für die möglichen Eiablagen vervollständigt die Ausstattung. Die Männchen werden außerhalb der Paarungszeit getrennt von den Weibchen gehalten. Entscheidet man sich für die Freilandhaltung der Tiere, ist für die Sommermonate ein ausbruchsicheres Frei-

:::Europäische Sumpfschildkröte:::

Die Europäische Sumpfschildkröte ist noch am ehesten für eine saisonale Teichhaltung geeignet. Foto: A. S. Hennig

landterrarium nötig. Dessen Kern bilden ein oder gar mehrere sonnenexponierte Teiche unterschiedlicher Größe und Wassertiefe. Die künstlichen Gewässer erhalten eine üppige Wasservegetation als Versteckmöglichkeit sowie jeweils mehrere Baumstämme oder starke Äste, die aus dem Wasser ragen. Solche Sonnenplätze werden gern aufgesucht. Es ist risikoärmer, die Überwinterung nicht im Freien, sondern unter kontrollierten Bedingungen bei etwa 4 °C in einem kühlen, frostfreien Raum (z. B. Keller, Nebengelass) durchzuführen.

Freilandterrarium zur Haltung von *Emys orbicularis*
Foto: A. S. Hennig

Ernährung: Verfüttert wird abwechslungsreich verschiedene tierische Kost. Reichliche Gaben von Wirbellosen – wie Bachflohkrebse, Mückenlarven, Regenwürmer, Wasserschnecken usw. – werden ergänzt mit kleinen oder in Streifen geschnittenen Süßwasserfischen. Pflanzliche Nahrung wird nicht immer akzeptiert. Im Freilandteich kann man die Europäischen Sumpfschildkröten gut bei der Jagd auf Eintagsfliegenlarven, Rückenschwimmer, Wasserasseln, Schnecken usw. beobachten. Gern aufgenommen werden dort auch ins Wasser gefallene Heuschrecken, Spinnen und andere Kleintiere (Anflugnahrung).

Nachzucht: Werden die Weibchen nach der Winterruhe mit den Männchen vergesellschaftet, kommt es in der Regel schnell zu Paarungen. Die Eier (bis zu 15 Stück pro Gelege) werden vorsichtig geborgen und in einem vorbereiteten Brutapparat gezeitigt. Bei Temperaturen von 25 °C benötigen sie bis zu 80 Tage für die Entwicklung bis zum Schlupf.

Literatur
FRITZ, U. (Hrsg., 2001): Handbuch der Reptilien und Amphibien Europas Band 3/IIIA – Schildkröten (Testudines) I (Bataguridae, Testudinidae, Emydidae). – Aula, Wiebelsheim, 594 S.
PAEPKE, H.J. (1977): Zur gegenwärtigen Verbreitung der Europäischen Sumpfschildkröte (*Emys orbicularis* L.) in den brandenburgischen Bezirken Potsdam, Frankfurt/Oder, Cottbus und in Berlin (Reptilia, Emydidae). – Mitt. Zool. Mus. Berlin 53: 173–185.
RÖSSLER, M. (2000): Die Fortpflanzung der Europäischen Sumpfschildkröte *Emys orbicularis* (L.) im Nationalpark Donau-Auen (Niederösterreich). – Stapfia 69: 145–156.
WÜTHRICH, F. (2002): Die Europäische Sumpfschildkröte (*Emys orbicularis*, LINNAEUS 1758) in der Schweiz. – Testudo 11(3): 5–7.

Starrbrustpelomeduse
Pelomedusa subrufa (BONNATERRE, 1789)

Eine juvenile Starrbrustpelomeduse im Wasserbecken Foto: A. S. Hennig

Auch Afrika hält eine interessante Schildkrötenfauna bereit. Dazu gehören zweifelsohne die Pelomedusenschildkröten der Familie Pelomedusidae. Sie sind zwar eher unscheinbar gefärbt, doch bereiten ihre Haltung und Zucht mindestens genauso viel Freude wie die anderer und gegebenenfalls farbenfroherer Wasserschildkröten. Gegenwärtig am häufigsten im Handel taucht die Unterart der Starrbrustpelomeduse *Pelomedusa subrufa olivacea* auf. Ihre Haltung soll hier näher beschrieben werden.

Verbreitung und Lebensraum: Neben Vorkommen im südlichen Saudi-Arabien und im Jemen leben Starrbrustpelomedusen im tropischen und subtropischen Afrika. Ihr Verbreitungsgebiet reicht dort von Äthiopien über den Sudan nach Westen bis Ghana, Senegal, Mali, Nigeria und Kamerun;

:::Starrbrustpelomeduse:::

Rücken- (oben) und Bauchpanzeransicht (unten) von *Pelomedusa subrufa olivacea*
Fotos: A. S. Hennig

Zu den Habitaten, in denen die Art gefunden wird, zählen Sümpfe und in geringem Maße langsam fließende Bäche, aber in der Hauptsache kleine und kleinste Gewässer, die nur temporär Wasser führen. So gibt es beispielsweise Funde in wassergefüllten Wagenspuren. Trocknen die Gewässer aus, wandern die Schildkröten ab oder halten tief im Schlamm vergraben eine Trockenruhe.

Beschreibung und Größe: Der flache Carapax ist schlicht braun. Das Plastron ist ebenfalls braun, wird zur Mitte hin aber heller.

nach Süden kommen sie bis nach Südafrika vor, außerdem leben sie auch auf Madagaskar. Kopf, Hals und Gliedmaßen sind oberseits grau, die Unterseite ist schmutzig weiß.

Männchen haben deutlich längere und dickere Schwänze; die der Weibchen sind sehr kurz und klein. Die Rückenpanzer messen in der Regel bis zu 20 cm Länge.

Haltung: Für die Unterbringung von 1–2 Exemplaren eignen sich Aquarienbecken ab 100 x 40 cm Grundfläche. Der Wasserstand sollte mindestens 20 cm betragen, darüber hinaus müssen die Schildkröten die Möglichkeit haben, das Wasser sehr leicht über flache und griffige Ufer bzw. Einrichtungsgegenstände zu verlassen. Kletterhilfen und Versteckplätze, beipielsweise in Form von Wurzeln, sind zu berücksichtigen. Ragt eine solche Wurzel über den Wasserspiegel hinaus, kann sie gleich als Sonnenplatz genutzt werden. Darüber wird ein Spotstrahler installiert, der im Zentrum des Lichtkegels etwa 40–45 °C Wärme bietet. Ein Landteil für die Eiablage ergänzt die Ausstattung. Er wird von den Schildkröten aber auch für die mögliche Trockenruhe genutzt. Sie graben sich dann für mehrere Wochen oder gar Monate ein.

Ernährung: Verfüttert wird eine breite Palette an Wirbellosen (von Wasserflöhen bis Regenwürmern) sowie Süßwasserfischfleisch.

Nachzucht: Das Männchen klammert sich am Carapax der Partnerin fest und schwingt seinen Kopf horizontal über dem Weibchen, das daraufhin seinen Kopf auf und ab bewegt. Anschließend kommt es zur Kopulation. Schon Weibchen mit nicht einmal 13 cm Panzerlänge können mehr als ein Dutzend Eier pro Gelege produzieren. Bettet man diese in einen Inkubator und hält die Temperatur bei etwa 30 °C, schlüpfen zwischen dem 50. und 55. Tag der Brutzeit die Jungen.

Porträt von *Pelomedusa subrufa olivacea* Foto: A. S. Hennig

> **Literatur**
> BÜTTNER, E. (2003): Haltung und Vermehrung der Starrbrustpelomeduse *Pelomedusa subrufa olivacea* (SCHWEIGGER, 1812). – Radiata 12(4): 9–14.
> ERNST, C.H. & R. BARBOUR (1989): Turtles of the World. – Smithsonian Institution Press, Washington, London, 313 S.
> KNIRR, M. (1982): Pflege und Zucht von *Pelomedusa subrufa olivacea*. – herpetofauna, Weinstadt, 4(16): 28–31.
> RÖDEL, M.-O. & R. BUSSMANN (1992): Weitere Daten zur Verbreitung und Habitatwahl von *Geochelone pardalis babcocki* (BELL 1826), *Pelomedusa subrufa subrufa* (LACEPEDE 1788) und *Pelusios sinuatus* (SMITH 1838) in Kenia. – Sauria 14(2): 33–38.

Chinesische Weichschildkröte
Pelodiscus sinensis
WIEGMANN, 1835

Weichschildkröten sind in zweierlei Hinsicht etwas Besonderes: Zum einen fällt natürlich die besondere Gestalt mit dem flachen, lederartigen Panzer auf. Andererseits erfordert ihre Haltung einen höheren Aufwand als die der „hartschaligen" Schildkröten, denn Voraussetzung sind große Wasserteile mit einer hohen Schicht aus feinem Bodensubstrat und dauerhaft sehr sauberem Wasser. Berücksichtigt man dies, beobachtet man im heimischen Aquaterrarium hochinteressante Pfleglinge mit erstaunlichen Verhaltensweisen. Die hier vorgestellte Chinesische Weichschildkröte ist eine der kleineren Vertreter dieser Gruppe und auch deshalb für die Haltung gut geeignet.

Verbreitung und Lebensraum: Das großflächige Verbreitungsgebiet reicht von weiten Teilen Chinas über Taiwan, Südwest-Russland (Einzugsgebiet von Ussuri und Amur), Nordkorea, Südkorea, Nord-Vietnam bis Japan. Vom Menschen eingeschleppt wurde die Art in Kalifornien und auf Hawaii. Sie lebt in verschiedenen Stillgewässern und ruhigen Flüssen.

Beschreibung und Größe: Der weiche, lederartige Panzer ist grau bis olivgrün gefärbt. Seine Oberfläche hat eine leicht körnige Struktur und kann je nach Herkunftsgebiet einfarbig oder auch gefleckt sein. Der Bauchpanzer der Jungtiere ist orange bis rot, bei erwachsenen Exemplaren weiß bis hellrosa gefärbt. Der Kopf und die Gliedmaßen sind grau bis olivgrün. Markant ist die schnorchelartige Nase. An Kinn und Kopfseiten befinden sich weiße Flecken. Eine dünne schwarze Linie (die auch unterbrochen sein kann) beginnt hinter der Nase und verläuft in Richtung Auge bis zum hinteren Schädelrand. Die Füße besitzen Schwimmhäute sowie jeweils drei kräftige Krallen. Die Chinesische Weichschildkröte erreicht Rückenpanzerlängen von etwa 25 cm; die meisten Exemplaren messen um die 20 cm.

Haltung: Chinesische Weichschildkröten sind – wenn sie nicht gerade stun-

Pelodiscus sinensis **zeigen das für Weichschildkröten typische Aussehen.** Foto: A. S. Hennig

denlang im Sand eingegraben oder in einem Versteck liegen – sehr gute Schwimmer und benötigen pro Exemplar ein geräumiges Wasserbecken. Mindestmaße für die Grundfläche sollten etwa 120 x 50 cm sein (Wasserstand ab 30 cm). Die Wassertemperaturen betragen im Sommerhalbjahr 25–30 °C. Im Winter werden die Haltungstemperaturen und die Beleuchtungszeit gesenkt – wie weit, hängt von der Herkunft der Tiere ab, die jedoch nur in wenigen Fällen eindeutig zu klären ist. Auf jeden Fall sollte das Wasser unter 20 °C warm sein. Erwachsene Tiere benötigen einen 10–15 cm tiefen Bodengrund aus Flusssand oder feinkörnigem Aquarienkies; bei Jungtieren kann die Substrattiefe geringer ausfallen. Chinesische Weichschildkröten vergraben sich gern, und man sieht über Stunden hinweg nur ihre Nasenspitze oder den ausgesprochen langen Hals, wenn sie die Atemluft suchende Schnorchelnase ruhig zur Wasseroberfläche recken. Auch wenn ein Sonnenplatz nicht von allen Tieren genutzt wird, sollte er unbedingt eingerichtet werden. Neben der Wärmeregulierung dient er dazu, dass verletzte oder kranke Weichschildkröten den Panzer und die Haut trocknen und damit den Heilungsprozess fördern können. Eine Vergesellschaftung mit Artgenossen (auch reine Weibchen-Gruppen) sollte wegen der möglichen Aggressionen vermieden werden. Abgesehen vom massiven Stress: Bissverletzungen verheilen bei Weichschildkröten schlechter als bei anderen Schildkröten. Männchen werden ohnehin ausschließlich für eine Paarung mit den Weibchen zusammengesetzt. Das Hantieren mit adulten Weichschildkröten ist nicht so einfach wie bei anderen Schildkröten. Der Panzer ist wegen seiner Beschaffenheit nicht griffig, und die Tiere lassen sich schlecht in der Hand halten. Erschwerend kommt hinzu, dass die wehrhaften Weichschildkröten mit ihrem langen Hals einen weiten Aktionsradius haben und den Pfleger dadurch schnell beißen können.

Ernährung: Die Palette der tierischen Nahrung reicht von kleinen Wirbellosen (Regenwürmer, Gehäuseschnecken, Heuschrecken) bis hin zu Fischen und gelegentlich toten Mäusebabys.

Nachzucht: Setzt man das Weibchen in das Becken des Männchens, reitet Letzteres bei Paarungsbereitschaft überfallartig auf und leitet die Kopulation ein. Dazu krallt es sich am Panzerrand des Weibchens fest und verbeißt sich in dessen Hals. Wegen möglicher Aggressionen und der daraus resultierenden Verletzungsmöglichkeit ist es unbedingt notwendig, die Paarung zu überwachen und die Geschlechter nach Beendigung der Kopulation sofort zu trennen. Kommt es zur Eiablage (bis zu 22 Stück pro Gelege, bis zu neun Ablagen pro Jahr), werden die Eier in einen Brutapparat überführt. Bei Inkubationstemperaturen von 27–30 °C dauert es etwa 42–68 Tage bis zum Schlupf.

Literatur
HELM, W. (1999): Die Chinesische Weichschildkröte *Pelodiscus sinensis* – Statistik zu (Massen-)Nachzuchten. – Radiata 8(2): 7–11.
HENNIG, A.S. (2001): Interessante Beobachtungen beim Paarungsverhalten der Chinesischen Weichschildkröte *Pelodiscus sinensis* (WIEGMANN, 1835). – Radiata 10(3): 20–22.
RUDOLPHI, M. & R. WESER (1998): Die Weichschildkröten Nordvietnams unter besonderer Berücksichtigung der Nackendornen-Weichschildkröte, *Palea steindachneri* (SIEBENROCK, 1906). – Sauria 20(1): 3–14.
VALENTIN, P. (2000): Das Ende asiatischer Schildkröten? Die Lebendtiermärkte Südostasiens. – REPTILIA, Münster, 5(2): 30–33.

Extra: Häufig gestellte Fragen zur Wasserschildkrötenhaltung

Welche Voraussetzungen muss ich erfüllen, um Wasserschildkröten zu halten?

Zunächst einmal muss ein gesundes Maß an Verantwortungsbewusstsein vorhanden sein, denn mit dem Kauf eines Tieres nimmt man wesentlichen Einfluss auf dessen Leben. Man ist dafür verantwortlich, wie die neuen Pfleglinge leben, dass sie bei der richtigen Temperatur (Wärme- und auch Lichtquellen) gehalten werden, dass sie abwechslungsreiches und qualitativ hochwertiges Futter bekommen sowie dass mögliche Krankheiten behandelt werden. Es ist die Bereitschaft notwendig, die Schildkröten über sehr viele Jahre hinweg artgerecht zu halten. Beim Erwerb mehrerer Wasserschildkröten ist stets damit zu rechnen, dass ein dominantes Exemplar oder ein aufdringliches Männchen darunter sind. Ein Problem, auf das immer mit der Einzelunterbringung des betroffenen Tieres reagiert werden muss. So ist schon am Beginn der Haltung einzuplanen, in einem solchen Fall ein zweites Becken aufstellen zu können. Ein wichtiger Punkt ist auch der Kostenfaktor, denn neben dem Kaufpreis für das Tier sind finanzielle Lasten für Becken, Technik sowie laufende Kosten (Strom, Wasser, Futter, Tierarztkosten) zu tragen. Ist man bereit, den für die Wasserschildkrötenhaltung notwendigen Aufwand zu betreiben und hat man sich gründlich über Lebensweise und Haltungsansprüche informiert, steht einer Anschaffung der gewünschten Tiere nichts mehr im Wege.

Ich besitze seit sechs Monaten zwei Gelbwangen-Schmuckschildkröten. Sie sind jetzt ca. 10–12 cm groß. Ich möchte gerne wissen, ob sie in ihrem 60-Liter-Becken (mit schwimmender Korkinsel als Sonnenplatz) noch genug Schwimmraum haben?

Die Nominatform der Buchstaben-Schmuckschildkröten: *Trachemys scripta scripta*. Die Gelbwangen-Schmuckschildkröte ist sehr gut an ihrem senkrechten Hinteraugenstreifen erkennbar. Foto: A. S. Hennig

Ein 60-Liter-Becken ist für zwei Gelbwangen-Schmuckschildkröten (*Trachemys scripta scripta*) auf jeden Fall zu klein. Gelbwangen erreichen Panzerlängen von weit über 20 cm – dementsprechend groß sollte auch das Zimmerbecken sein. Persönlich bin ich der Meinung, dass für adulte Schmuckschildkröten erst Wasserbecken ab 150 cm Länge und 50 cm Wassertiefe geeignet sind, um den schwimmfreudigen Tieren einigermaßen gerecht zu werden. Schwimmender Kork ist nicht als Sonnenplatz geeignet. Größere

:::Extra: Häufig gestellte Fragen zur Wasserschildkrötenhaltung:::

Wasserschildkröten betteln oft regelrecht nach Futter.
Foto: M. Schmidt

:::Extra: Häufig gestellte Fragen zur Wasserschildkrötenhaltung:::

Schildkröten können ihn schlecht erklimmen; zudem treibt er auf der Wasseroberfläche umher und befindet sich nicht immer unter dem Wärmestrahler. Eine Sonneninsel für die Schildkröten kann beispielsweise mit einer zwischen Vorder- und Rückscheibe fest eingeklemmten halbrunden Zierkorkrinde eingerichtet werden. So erhalten die Tiere eine Möglichkeit zum Sonnen und können trotzdem noch darunter hindurchschwimmen.

Kann ich meine Schmuckschildkröte im Gartenteich überwintern?

Nein. Das nasskalte Winterhalbjahr in Deutschland mit seinem steten Wechsel zwischen Sonnenschein, Kälte und Regen birgt zu viele Gesundheitsrisiken für die Tiere. Dabei kann ein Winter in seinem Höhepunkt auch über einen längeren Zeitraum konstant kalt sein („kalt" im Sinne von Minusgraden) – viel gefährlicher sind die Übergangszeiten in Herbst und Frühjahr. Vergleicht man einmal die herbstlichen Temperaturen in Deutschland mit denen in den südlichen USA, wird sehr schnell deutlich, dass die ausschließliche Teichhaltung zu Lasten der Tiere gehen wird. Gewiss gibt es immer wieder Fälle, in denen Schmuckschildkröten ganzjährig in einem deutschen Gartenteich gehalten werden, doch übersteht dies nur ein winziger Bruchteil auch mehrere Jahre. Auch sind die Schmuckschildkröten, die immer wieder von gewissenlosen „Tierfreunden" in den heimischen Gewässern oder künstlichen Parkseen ausgesetzt werden, keine Kandidaten für ein langes Leben. Auf jeden Fall wird man dort wiederholt Rotwangen-Schmuckschildkröten beobachten können. Doch handelt es sich dabei nicht immer um dieselben Tiere, sondern um neue ausgesetzte Exemplare.

Meine Rotwangen-Schmuckschildkröte hat eine schlecht heilende Verletzung am Fuß. Die mit ihr zusammenlebende Zierschildkröte beißt immer wieder in die Wunde. Wie kann ich das verhindern?

Trennen Sie die beiden Tiere sofort! Solange eine Wasserschildkröte verletzt und die Wunde nicht verheilt ist, verlockt es ihre Artgenossen immer wieder, hineinzubeißen. Die Wundstelle mit ihrer rötlichen Hautfarbe und selbst fast verheilte weißliche Haut ist geradezu ein magischer Anziehungspunkt. Mit einem solchen Tier vergesellschaftete Wasserschildkröten werden in der Regel immer und immer wieder hineinbeißen. Neben der weiteren Verletzungsgefahr bedeutet es für das gebissene Tier permanenten Stress, der auf Dauer auch zum Tode führen kann. Sorgen Sie dafür, dass die verletzte Schildkröte in ihrem Quarantänebecken einen sehr warmen Sonnenplatz hat, an dem die Wunde trocknen und heilen kann. Zur Sicherheit sollte ein reptilienkundiger Tierarzt aufgesucht werden.

Ich pflege Gelbwangen-Schmuckschildkröten. Ein Tier hat sehr lange Krallen an den Vorderfüßen. Kann ich sie abschneiden oder muss ich damit zum Tierarzt?

Die Männchen nordamerikanischer Schmuckschildkröten haben an den Vorderfüßen immer stark verlängerte Krallen. Sie benötigen sie, um die Weibchen zu „becircen": Dazu schwimmt ein Männchen im Wasser frontal vor die Partnerin, streckt die

Extra: Häufig gestellte Fragen zur Wasserschildkrötenhaltung

Vorderbeine nach vorn und berührt mit den nach innen gedrehten Außenseiten seiner verlängerten Krallen ihr Gesicht. Dabei machen die vibrierenden Füße und Krallen den Eindruck, als würden sie die Wangen des Weibchens „streicheln". Lässt sich das Weibchen auf diese Balz ein, kommt es zur Paarung. Deshalb: Auf keinen Fall die Krallen der männlichen Schmuckschildkröten kürzen! Davon abgesehen ist es in den seltensten Fällen notwendig, einer Wasserschildkröte – gleich welcher Art – die Krallen zu verschneiden.

Im Zooladen habe ich junge Florida-Zierschildkröten gesehen.

Wie groß werden sie? Kann ich sie im Sommer im Gartenteich halten?

Der deutsche Name „Florida-Zierschildkröte" trifft eigentlich auf keine Art zu. Es gibt Florida-Rotbauchschmuckschildkröten (*Pseudemys nelsoni*), deren Weibchen eine Panzerlänge von weit über 30 cm errreichen können. Bei den Zierschildkröten gibt es vier Unterarten, von denen die kleinste, die Südliche Zierschildkröte (*Chrysemys picta dorsalis*), wegen ihrer geringen Größe noch am ehesten im Aquaterrarium gehalten werden kann. Beiden gemein ist die hohe Wärmebedürftigkeit, derentwegen sie in Deutschland nicht für eine dauerhafte

Zierschildkröten bleiben relativ klein und sehen wunderschön aus. Foto: M. Schmidt

:::Extra: Häufig gestellte Fragen zur Wasserschildkrötenhaltung:::

Haltung im offenen Gartenteich geeignet sind – dazu sind die Durchschnittstemperaturen hier einfach zu niedrig. Der Temperaturmangel spiegelt sich nicht immer sofort als Erkrankung wider, findet aber über einen längeren Zeitraum hinweg seine negativen Folgen. Nahrung und Wärme werden nicht wie im Normalfall (also bei längerer Zeit höheren Wasser- und Lufttemperaturen) in Energie und Wachstum umgesetzt, die Schildkröten „köcheln auf Sparflamme".

Wie hoch soll die Temperatur am Sonnenplatz sein?

Oft versorgen Anfänger in der Wasserschildkrötenhaltung ihre Tiere an den Sonnenplätzen mit „lauwarmer Luft". Durch Strahler, gleich welcher Art, finden die Tiere in solchen Fällen Temperaturen im Bereich von 25 bis etwa 30 °C vor. Was für menschliches Ermessen als angenehm empfunden wird, ist für wärmehungrige Sonnenanbeter inakzeptabel. Sinnvoll sind im Zentrum des Sonnenplatzes 40–45 °C. Zum äußeren Rand des Lichtkegels hin sinkt die Temperatur ohnehin ab, und die Tiere haben bei ausreichend dimensionierten Plätzen die Möglichkeit, sich ihren Vorzugsbereich auszusuchen. Wer seinen Schildkröten diese Temperaturen bietet, wird schnell feststellen, wie ausgiebig sie sich dort sonnen! Natürlich darf nicht das gesamte Aquaterrarium diese Lufttemperatur haben – nur tagsüber lokal im Zentrum des Sonnenplatzes.

Auf einer Internetseite habe ich gelesen, dass Schmuckschildkröten nicht überwintert werden dürfen. Sie bekommen Lungenentzündungen und sterben. Stimmt das?

Zunächst sei gesagt, dass das Internet eine Fülle brauchbarer Informationen bietet. Aber leider sind nicht immer alle dort zu lesenden Angaben richtig. Es gibt viele SchildkrötenhalterInnen, die – auf ihren Erfahrungen und dem aktuellen Wissensstand aufbauend – nützliche Texte und Fotos im Internet präsentieren, aber auch Personen, die ihre z. T. schlicht falschen Auffassungen von Schildkrötenhaltung propagieren, können uneingeschränkt dieses vielfältige Medium nutzen. Man ist daher gut beraten, mehrere Websites und vor allem die zur Verfügung stehende Literatur zu konsultieren, um die falschen Informationen herauszufiltern.

Zur Frage der Winterruhe: Wer Schildkrötenarten aus Regionen hält, in denen es im Winterhalbjahr zu Temperaturabsenkungen kommt, sollte dies auch in der Terrarienhaltung berücksichtigen. Die Tiere benötigen einen Jahresrhythmus mit Aktivitäts- und Ruhephasen genauso wie eine Nachtabkühlung. Die Recherche in Fachbüchern, Klimaatlanten oder auch auf (inter)nationalen Wetter-Homepages ist heute denkbar einfach. So erhält man wertvolle Daten, die für die richtige Überwinterung notwendig sind. Die Gefahr einer Lungenentzündung ist ausgesprochen gering, wenn man die Schildkröten nicht Zugluft aussetzt und dafür sorgt, dass die Wassertemperatur nicht dauerhaft wärmer als die der Luft ist.

Ich füttere meine Wasserschildkröten mit Pellets aus dem Handel. Kann ich ihnen auch anderes Futter anbieten?

Unbedingt! Die Palette der möglichen Futtersorten ist so reichhaltig, dass der Gebrauch von Pellets minimiert werden kann. Abgesehen davon ist die abwechslungsreiche Ernährung mit hochwertigem Futter unabdingbar für eine gesunde Wasserschildkröte. Aus dem großen Pool an Nahrungsquellen seien nachfolgend nur einige genannt. Lebendfutter: Regenwürmer, Gehäuseschnecken (aber keine geschützten Weinbergschnecken), Kellerasseln, Wasserflöhe, Mückenlarven und die in den Terraristikabteilungen der Zooläden erhältlichen Grillen, Heuschrecken oder auch Wachsmaden. Frostfutter: Wasserflöhe, Mückenlarven, Federfische, Muschelfleisch, Mäuse- und Rattenbabys. Trockenfutter: Garnelen, Bachflohkrebse. Bei einigen Arten gehört grundsätzlich oder ergänzend auch pflanzliche Nahrung zum Angebot, u. a. Löwenzahn, Wegerich, Wasserlinsen („Entengrütze").

Unsere Rotwangen-Schmuckschildkröte hat Legenot. Sie hatte dies schon einmal im letzten Jahr; damals wurde sie geröntgt, bevor der Tierarzt ihr eine Spritze für die Eiablage gab. Jetzt ist sie wieder unruhig und läuft auf dem Landteil herum. Kann sie denn schon wieder Eier haben? Der Landteil in ihrem Becken hat übrigens eine reichlich 5 cm hohe, trockene Sandschicht.

Wenn Ihre Schildkröte auf dem Landteil umherläuft, hat sie nicht sofort zwingend eine Legenot, sondern ist auf der Suche nach einem ihr zusagenden Eiablageplatz. Findet sie diesen nicht, legt sie die Eier „nur" im Wasser ab, im schlimmsten Fall legt sie aber gar nicht, und es kommt tatsächlich zur lebensgefährlichen Legenot. Was ist zu tun? Optimieren Sie den Landteil dahingehend, dass das Substrat (feuchter Sand oder Sand-Erde-Gemisch) mindestens so tief ist, wie der Schildkrötenpanzer lang. Installieren Sie einen zusätzlichen Wärmestrahler über einem Teil des möglichen Eiablageplatzes. So ist das Substrat direkt unter dem Strahler wärmer als an anderen Stellen des Landteiles. Auf diese Weise hat die legewillige Schildkröte die Wahl zwischen unterschiedlich temperierten Bereichen. Alternativ können Sie eine Heizmatte senkrecht (!) an einem Ende des Landteils eingraben. Unmittelbar an der Matte ist es natürlich wärmer, in Entfernung dazu sinken die Temperaturen. Um der Schildkröte die für Eiproduktion und -ablage notwendige Kondition zu verschaffen, füttern Sie sie täglich abwechslungsreich mit hochwertigem Futter. Zusätzlich geben Sie für die Kalziumversorgung eine Sepiaschale oder auch Hühnereischalen ins Wasser. Trächtige Weibchen beißen sich davon Stücke heraus und fressen sie. Suchen Sie im Zweifelsfalle einen reptilienkundigen Tierarzt auf.

Ich möchte in mein Schildkröten-Aquaterrarium zur Belebung des Landteiles gern kleine Echsen setzen. Welche Arten sind empfehlenswert; muss ich etwas Besonderes beachten?

Keine Echsen sind empfehlenswert. Denn es gibt winzige Parasiten, die Amöben, die bei einer Vergesellschaftung von Echsen oder Schlangen mit Schildkröten tödliche Folgen für die zwei Erstgenannten haben können. Den Schildkröten schadet dieser Parasit nicht, sodass sie diesen häufig in sich tragen und auch mit dem Kot ausscheiden. So können Echsen ungewollt diese Amöben aufnehmen, im Gegensatz zu den Schildkröten daran erkranken und schließlich sterben. Also keine Vergesellschaftung von Schildkröten und Echsen in einem Aquaterrarium!

::: Anhang/Worterklärungen und Abkürzungen :::

▷ Anhang

a) Worterklärungen und Abkürzungen

Worterklärungen

Es lässt sich nicht vermeiden, dass Sie beim Studium der Literatur auf Fremdwörter und Abkürzungen stoßen. In diesem Buch habe ich mich bemüht, auf die Verwendung weitgehend zu verzichten, aber wenn Sie sich weitergehend informieren, werden Sie sich unweigerlich mit einigen grundlegenden Fachbegriffen vertraut machen müssen. Sie mögen auf den ersten Blick Verwirrung stiften, aber es handelt sich um gebräuchliche Begriffe und Kürzel, deren Bedeutung ich Ihnen nachfolgend zum Nachschlagen erläutere.

adult	erwachsen, geschlechtsreif
allochthon	fremdstämmig, an anderer Stelle entstanden; Organismen werden dort allochthon genannt, wo sie zwar verbreitet, aber nicht entstanden sind; z. B. sind die in Europa ausgesetzten Schmuckschildkröten (Gattungen *Pseudemys, Trachemys*) aus Nordamerika allochthon, hingegegen ist die Europäische Sumpfschildkröte (*Emys orbicularis*) autochthon, also hier auch ursprünglich heimisch.
Altarm	durch natürliche oder künstliche Vorgänge abgeschnittene ehemalige Haupt- oder Nebengerinne eines Fließgewässers, die nicht mehr oder nur mit geringem Zufluss mit dem aktuellen Bach- oder Flussbett in Verbindung stehen; z. B. gibt es auch an den europäischen Flüssen Elbe, Rhein und Donau die für manche einheimischen Tiere und Pflanzen wichtigen Altarme.
Anflugnahrung	auf oder dicht über der Wasseroberfläche befindliche Wirbellose; z. B. Wasserläufer, eierlegende Libellen, ins Wasser gefallene Heuschrecken.
aquatisch	im Wasser lebend
Art	nach einer von vielen Definitionen eine Gruppe von Lebewesen, die in zahlreichen Merkmalen übereinstimmen und eine Fortpflanzungsgemeinschaft bilden; innerhalb einer Art können manchmal Unterarten unterschieden werden.
Ästivation	Trockenruhe; z. B. halten Wasserschildkröten eine Trockenruhe, wenn im Hochsommer bzw. in der Trockenzeit Gewässer austrocknen.
autochthon	bodenständig, in seinem natürlichen Lebensraum vorkommend; Organismen werden dort als autochthon bezeichnet, wo sich ihr Verbreitungsgebiet mit ihrem Entstehungsgebiet deckt; z. B. ist

:::Worterklärungen und Abkürzungen:::

	die Europäische Sumpfschildkröte mit ihrer Unterart *Emys orbicularis orbicularis* in Deutschland autochthon, während die dort ausgesetzte nordamerikanische Rotwangen-Schmuckschildkröte (*Trachemys scripta elegans*) hier allochthon ist, also fremdstämmig, an anderer Stelle entstanden.
Biotop	Lebensraum einer Lebensgemeinschaft von bestimmter Größe und einheitlicher Beschaffenheit, gegenüber der Umgebung mehr oder weniger gut abgrenzbar; z. B. See, Fluss, Altarm
Carapax	Rückenpanzer
Carapaxlänge	Rückenpanzerlänge im „Stockmaß", also gemessen in gerader Linie vom vorderen zum hinteren Panzerrand
carnivor	fleischfressend
Diapause	Ruhepause in der Embryonalentwicklung, d. h., die im Ei heranwachsende Schildkröte stellt für eine gewisse Zeit die Entwicklung ein
dorsal	am Rücken befindlich; z. B. die orange bis rote Dorsallinie auf dem Carapax der Südlichen Zierschildkröte (*Chrysemys picta dorsalis*)
Ektoparasiten	Außenparasiten, an der Schildkröte haftende Parasiten, z. B. Egel oder Zecken
endemisch, Endemit	einheimisch, auf ein abgegrenztes Gebiet (z. B. Insel, Tal oder auch politische Grenzen eines Landes) beschränktes Vorkommen von Arten bzw. Verwandtschaftsgruppen; z. B. ist die Peninsula-Schmuckschildkröte (*Pseudemys peninsularis*) in Florida (USA) endemisch, ihr natürliches Verbreitungsgebiet liegt ausschließlich auf dieser Halbinsel.
Endoparasiten	Innenparasiten, in den Organen befindliche Parasiten, z. B. Würmer
Familie	Gruppe mehrerer miteinander verwandter Gattungen
Geschlechtsdichromatismus	Unterschiede in Färbung und Zeichnung zwischen Männchen und Weibchen einer Art
Geschlechtsdimorphismus	Unterschiede in Körperform und -größe zwischen Männchen und Weibchen einer Art; z. B. wird die unterschiedliche Größe männlicher und weiblicher Zierschildkröten (*Chrysemys picta*) als Geschlechtsdimorphismus bezeichnet.
Habitat	der Lebensraum einer Art, in dem sie sich aufhält; z. B. sind seichte, vegetationsreiche Stillgewässer das typische Habitat für Zierschildkröten (*Chrysemys picta*).
Habitus	die äußerlich erkennbaren Merkmale eines Lebewesens
herbivor	pflanzenfressend

:::Worterklärungen und Abkürzungen:::

Herpetofauna	Gesamtheit der Amphibien- und Reptilienfauna eines bestimmten Gebietes
Herpetologie	Wissenschaft von den Amphibien und Reptilien
Hibernation	Winterruhe
Inkubationszeit	Entwicklungsdauer der Eier von der Ablage bis zum Schlupf der Jungtiere
Inkubator	Brutapparat zum künstlichen Bebrüten von Eiern
inkubieren	kontrolliertes Bebrüten von Eiern
juvenil	jugendlich, nicht geschlechtsreif
Kloake	Endabschnitt des Darmkanals, in den auch die Ausführgänge der Harn- und Geschlechtsorgane münden.
konkav	hohl, nach innen gewölbt; bei Schildkröten in Zusammenhang mit dem Bauchpanzer
Kopulation	Begattung; Paarungsakt der Geschlechtspartner, der zur Deponierung der Samenflüssigkeit in den weiblichen Geschlechtsorganen führt.
lateral	an der Seite befindlich
Melanismus	Schwarzfärbung durch verstärkte Einlagerung dunkler Farbträger, der Melanine; z. B. bei alten Männchen der Rotwangen-Schmuckschildkröte (*Trachemys scripta elegans*)
monophyletisch	sich von einer einzigen Stammart ableitend
monotypisch	Arten, die keine Unterarten ausgebildet haben und nur in einer Erscheinungsform auftreten; z. B. ist die Dach-Moschusschildkröte (*Sternotherus carinatus*) monotypisch, es gibt von ihr keine Unterarten; analog für Gattungen, Familien
Morphologie	Lehre von der Gestalt und dem Bau der Tiere
Nominatform	Ist eine Art in mehrere Unterarten unterteilt, wird die zuerst beschriebene Form als Nominatform bezeichnet, sie erhält in ihrer wissenschaftlichen Unterart-Bezeichnung denselben Namen wie die Art; z. B. ist die Östliche Zierschildkröte (*Chrysemys picta picta*) die Nominatform der insgesamt vier Unterarten umfassenden Art *Chrysemys picta* (daneben noch *C. p. bellii*, *C. p. dorsalis*, *C. p. marginata*).
olfaktorisch	geruchlich, mit Hilfe des Geruchssinns
omnivor	allesfressend
Ovulation	Freiwerden einer befruchtungsfähigen Eizelle aus dem Follikel des Eierstockes; danach gelangt sie in den Eileiter, wo die Befruchtung stattfindet.
palpieren	erfühlen, ertasten; bei weiblichen Schildkröten können die Eier im Körper vorsichtig mit den Fingern ertastet werden.
paraphyletisch	von mehreren Arten abstammend

Penis	männliches Begattungsorgan
phylogenetisch	stammesgeschichtlich
Plastron	Bauchpanzer
poikilotherm	wechselwarm; Reptilien, so auch Schildkröten, sind wechselwarme Tiere, da sie kaum Eigenwärme erzeugen und auf die Wärmeaufnahme aus der Umgebung angewiesen sind.
Population	Gesamtheit der artgleichen Tiere oder Pflanzen eines bestimmten Lebensgebietes innerhalb des gesamten Verbreitungsgebietes
resorbieren	aufnehmen; Schildkrötenschlüpflinge resorbieren den noch bis nach dem Schlupf vorhandenen, am Bauchpanzer befindlichen Dottersack.
Revision	hier: Überprüfung des systematischen Status z. B. einer Gattung oder Art
semiadult	halberwachsen, halbwüchsig
sympatrisch	im gleichen Gebiet lebend (aber nicht unbedingt im selben Habitat, das wäre syntop)
Taxon	mit einem wissenschaftlichen Namen belegte systematische Kategorie; z. B. Gattung, Art
terrestrisch	auf dem Land lebend
Taxonomie	die Klassifizierung in Kategorien und Benennung der Lebewesen (s. Taxon)
Unterart	geografisch getrennte und unterscheidbare Variation einer Tier- oder Pflanzenart; Unterarten der gleichen Art sind miteinander unbeschränkt fortpflanzungsfähig.
ventral	am Bauch befindlich
zeitigen, Zeitigung	das Erbrüten der Eier (= inkubieren, Inkubation)

Leuchtend gelbe Streifen auf schwarzem Grund lassen dieses Männchen von *Pseudemys peninsularis* zu einem Schmuckstück im Aquaterrarium werden. Foto: A. S. Hennig

Abkürzungen

Vor allem in Kleinanzeigen oder auf Preislisten, aber auch in Fachartikeln werden Sie häufiger auf folgende Abkürzungen stoßen:

- ad. – adult
- CL – Carapaxlänge
- DNZ – Deutsche Nachzucht
- ENZ – Eigene Nachzucht
- FZ – Farmzucht
- juv. – juvenil
- LBH (oder LxBxH) – Länge x Breite x Höhe (Maßangaben für Aquarien und Terrarien)
- NZ – Nachzucht
- PL – Plastronlänge
- WF – Wildfang
- ZG – Zuchtgruppe
- ZP – Zuchtpaar

Zahlenangaben, durch Kommas getrennt – Auf diese Weise wird die Anzahl männlicher, weiblicher und die von Exemplaren ohne Geschlechtsangabe aufgeführt, stets in der Reihenfolge: Männchen, Weibchen, ohne Geschlechtsangabe; z. B. 1,3 *Mauremys mutica* = 1 Männchen und 3 Weibchen der Chinesischen Sumpfschildkröte; 2,1,5 *Emydura subglobosa* = 2 Männchen, 1 Weibchen, 5 Exemplare unbestimmten Geschlechts (häufig Jungtiere) der Rotbauch-Spitzkopf-schildkröte; 0,1,10 *Apalone ferox* = 1 Weibchen, 10 Exemplare unbestimmten Geschlechts (wohl Jungtiere) der Florida-Weichschildkröte.

b) Zeitschriften

REPTILIA & TERRARIA/elaphe
Terraristik-Fachmagazine
Herausgeber:
Natur und Tier - Verlag GmbH
An der Kleimannbrücke 39/41
48157 Münster
Tel.: 0251/13339-0
Fax: 0251/13339-33
E-Mail: verlag@ms-verlag.de
Web: www.ms-verlag.de
Erscheinungsweise: zweimonatlich

MARGINATA
Schildkröten-Fachmagazin
Bezug wie REPTILIA
Erscheinungsweise: vierteljährlich

DRACO
Terraristik-Themenheft
regelmäßig mit Schildkrötenthemen
Bezug wie REPTILIA
Erscheinungsweise: vierteljährlich

RADIATA,
RADIATA English edition,
MINOR
Mitglieder-Zeitschriften der DGHT-AG Schildkröten (s. u.)
die sich ausschließlich mit Schildkröten beschäftigen

SAURIA
Zeitschrift für Terraristik und Herpetologie
Herausgeber:
Terrariengemeinschaft Berlin e. V.
Geschäftsstelle: Barbara Buhle,
Planetenstr. 45
12105 Berlin
Erscheinungsweise: vierteljährlich

c) Vereinigungen

Deutsche Gesellschaft für Herpetologie und Terrarienkunde e. V. (DGHT)
Geschäftsstelle
Postfach 120433
68055 Mannheim
Tel.: 0621-86256490
Fax: 0621-86256492
E-Mail: gs@dght.de
Web: www.dght.de
Die DGHT schließt zahlreiche Regional- und Stadtgruppen in Deutschland, Österreich und der Schweiz ein. Hier finden interessante Vorträge zu verschiedenen terraristischen Themen statt, und man bekommt Kontakt zu anderen Terrarienfreunden, sowohl Anfängern als auch Experten.

**AG Schildkröten
in der Deutschen Gesellschaft für Herpetologie und Terrarienkunde e. V.**
Maik Schilde
Telefon: 0341-86725321
E-Mail: radiata-ag@gmx.de
Web: www.ag-schildkroeten.de

Schildkröten-Interessengemeinschaft Schweiz (SIGS)
Postfach 2
CH-8225 Siblingen
E-Mail: info@sigs.ch
Web: www.sigs.ch

Österreichische Gesellschaft für Herpetologie (ÖGH)
c/o Naturhistorisches Museum Wien
Herpetologische Sammlung
Postfach 417
Burgring 7
A-1014 Wien
E-Mail: heinz.grillitsch@nhm-wien.ac.at
Web: www.nhm-wien.ac.at/nhm/herpet/index.htm

Nederlandse Schildpadden Vereniging (NSV)
Lumeystraat 11c
NL-3039 ZM Rotterdam
E-Mail: voorzitter@schildpaddenvereniging.org
Web: www.trionyx.nl

d) Tierärzte und Untersuchungsstellen für Kotproben, Abstriche, verendete Tiere etc.

Die DGHT (s. o.) unterhält eine Liste mit Tierärzten, die sich mit Reptilien beschäftigen. Kotproben, Sektionen und Untersuchungen können von diesen Ärzten oder veterinärmedizinischen Untersuchungsstellen, die es in vielen Städten gibt, vorgenommen werden. Überregional bekannt sind folgende Einrichtungen:

1. Exomed,
Postfach 630149
10266 Berlin
Tel.: 030-51067701
E-Mail: labor@exomed.de
www.exomed.de

2. Universität München,
Klinik für Vögel, Reptilien
Amphibien und Zierfische
Kaulbachstr. 37
80539 München
Tel.: 089-2180-2283
Mobil: 0177-5781344 (Notdienst)
E-Mail: reptilienstation@vogelklinik.vetmed.uni-muenchen.de
www.vogelklinik.vetmed.uni-muenchen.de

3. Chemisches und Veterinäruntersuchungsamt
Westerfeldstr. 1
32758 Detmold
Tel.: 05231-9119
E-Mail: Poststelle@cvua-owl.de
www.cvua-owl.de

4. Vet Med Labor GmbH
Division of IDEXX Laboratories
Mörikestr. 28/3
71636 Ludwigsburg
Tel.: 01802-838-633
E-Mail: hotline-Germany@idexx.com
www.idexx.de
(für privat nur über Ihren Tierarzt)

:::Gesetzliche Regelungen:::

Gesetzliche Regelungen

für Sumpf- und Wasserschildkröten (außer Meeresschildkröten), die je nach Schutzstatus einem Vermarktungsverbot (Anhang I WA & Anh. A EG-VO 338/97; Ausnahmegenehmigung für in Menschenobhut gebo-

Wissenschaftlicher Name	Deutscher Name	WA(1) Anhang I	Anhang II	Anhang III
Apalone spinifera ater	Schwarze Weichschildkröte	x		
Aspideretes gangeticus	Ganges-Weichschildkröte	x		
Aspideretes hurum	Pfauenaugen-Weichschildkröte	x		
Aspideretes nigricans	Dunkle Weichschildkröte	x		
Batagur baska	Batagur-Schildkröte	x		
Callagur borneoensis	Callagur-Schildkröte		x	
Carettochelys insculpta	Papua-Weichschildkröte			
Chelydra serpentina	Schnappschildkröte			
Chinemys nigricans	Chinesische Rothalsschildkröte			
Chitra spp.	Kurzkopf-Weichschildkröten		x	
Chrysemys picta	Zierschildkröte			
Cuora spp.	Scharnierschildkröten		x	
Dermatemys mawii	Tabasco-Schildkröte		x	
Emys orbicularis	Europäische Sumpfschildkröte			
Erymnochelys madagascariensis	Madagaskar-Schienenschildkröte		x	
Geoclemys hamiltonii	Strahlen-Dreikielschildkröte	x		
Geoemyda spengleri	Zacken-Erdschildkröte			
Glyptemys insculpta	Waldbachschildkröte		x	
Glyptemys muhlenbergii	Moorschildkröte	x		
Heosemys depressa	Flache Erdschildkröte		x	
Heosemys grandis	Riesen-Erdschildkröte		x	
Heosemys leytensis	Philippinen-Erdschildkröte		x	
Heosemys spinosa	Stachel-Erdschildkröte		x	
Hieremys annandalii	Tempelschildkröte		x	
Kachuga spp. (außer Anh.-A-Arten)	Dachschildkröten		x	
Kachuga tecta	Indische Dachschildkröte	x		
Leucocephalon yuwonoi	Sulawesi-Erdschildkröte		x	
Lissemys punctata	Indische Klappen-Weichschildkröte		x	
Macrochelys temminckii	Geierschildkröte			
Mauremys annamensis	Vietnamesische Sumpfschildkröte		x	
Mauremys caspica	Kaspische Sumpfschildkröte			
Mauremys leprosa	Spanische Sumpfschildkröte			
Mauremys mutica	Chinesische Sumpfschildkröte		x	
Melanochelys tricarinata	Dreikiel-Erdschildkröte	x		
Melanochelys trijuga	Schwarzbauch-Erdschildkröte			
Morenia ocellata	Hinterindische Pfauenaugensumpfschildkröte	x		
Orlitia borneensis	Borneo-Flussschildkröte		x	
Pelochelys spp.	Riesen-Weichschildkröten		x	
Pelomedusa subrufa	Starrbrust-Pelomedusenschildkröte			x (Ghana)
Peltocephalus dumerilianus	Dumerils Schienenschildkröte		x	
Pelusios adansonii	Weißbrust-Pelomedusenschildkröte			x (Ghana)
Pelusios castaneus	Dunkle Pelomedusenschildkröte			x (Ghana)
Pelusios gabonensis	Rückenstreifen-Pelomedusenschildkröte			x (Ghana)
Pelusios niger	Schwarze Pelomedusenschildkröte			x (Ghana)
Platysternon megacephalum	Großkopfschildkröte		x	
Podocnemis spp.	Schienenschildkröten		x	
Pseudemydura umbrina	Falsche Spitzkopfschildkröte	x		
Pyxidea mouhotii	Dreikiel-Scharnierschildkröte		x	
Rafetus euphraticus	Euphrat-Weichschildkröte			
Siebenrockiella crassicollis	Schwarze Dickkopfschildkröte		x	
Terrapene spp. (außer Anh.-A-Arten)	Carolina-Dosenschildkröte		x	
Terrapene coahuila	Wasser-Dosenschildkröte	x		
Trachemys scripta elegans	Rotwangen-Schmuckschildkröte			
Trionyx triunguis	Afrikanische Dreiklaue			x (Ghana)

1) WA = Washingtoner Artenschutzübereinkommen/Übereinkommen über den internationalen Handel mit gefährdeten Tieren und Pflanzen (CITES); 2) VO (EG) Nr. 338/97 über den Schutz von Exemplaren wild lebender Tier- und Pflanzenarten durch Überwachung des Handels; 3) FloraFaunaHabitat-Richtlinie 92/43/EWG; 4) Bundesnaturschutzgesetz; 5) Bundesartenschutzverord-

:::Gesetzliche Regelungen:::

rene Tiere durch zuständige Behörde notwendig), mindestens jedoch der Meldepflicht bei der zuständigen Behörde unterliegen (Anh. II WA, Anh. III WA für Tiere aus Ghana, Anh. B EG-VO 338/97, Anh. C EG-VO 338/97 für Tiere aus Ghana).

EG-VO 338/97(2)				FFH(3)		BNatSchG(4)		BArtSchVO(5)		
Anhang A	Anhang B	Anhang C	Anhang D(8)	II	IV	Anhang b	Anhang s	Anhang 1	Anhang 6	§ 3(7)
x							x		x	
x							x		x	
x							x		x	
x							x		x	
x							x		x	
	x					x				
			x							
										x
			x							
	x					x				
	x					x				
	x					x				
	x					x				
				x	x(6)	x				
	x					x				
x							x		x	
	x		x							
	x					x				
x							x		x	
	x					x				
	x					x				
	x					x				
	x					x				
	x					x				
	x						x		x	
	x					x				
	x					x				
										x
	x					x				
					x(6)		x		x	
				x	x(6)		x			
	x					x				
x							x		x	
			x							
x							x		x	
	x					x				
	x					x				
		x (Ghana)								
	x					x				
		x (Ghana)								
		x (Ghana)								
		x (Ghana)								
		x (Ghana)								
	x					x				
	x					x				
x							x		x	
	x					x				
						x		x		
	x					x				
	x					x				
x							x		x	
	x					x				
		x (Ghana)								

nung; 6) nur wild lebende Populationen; 7) Besitz- und Vermarktungsverbot; 8) enthält Arten, bei denen eine Überwachung gerechtfertigt ist, um ggf. später strengere Schutzmaßnahmen zu entwickeln; Anhang D zieht keine Meldepflicht oder andere Einschränkungen nach sich.

Bücher für Ihr Hobby

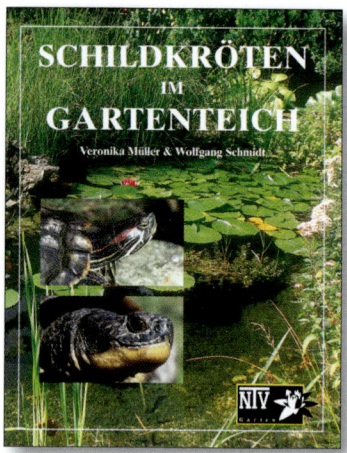

Schildkröten im Gartenteich
Veronika Müller und Wolfgang Schmidt

Schildkröten im Gartenteich? Sicher haben auch Sie sich schon gefragt, ob es nicht möglich ist, eine Schildkröte im Gartenteich zu pflegen. Es ist möglich!
In diesem Buch werden u. a. alle Wasserschildkrötenarten vorgestellt, die auch ganzjährig im Garten leben können. Sie finden wertvolle Tipps zur Gestaltung des Schildkröten-Biotops, zur Fütterung, zur Vergesellschaftung der Tiere sowie zum Thema Überwinterung. Was tun, wenn Ihre Schildkröte Eier legt? Was geschieht, wenn einmal ein Tier krank wird? Auch auf diese Fragen gehen die Autoren in eigenen Kapiteln ausführlich ein. Dies Buch 'Schildkröten im Gartenteich' befasst sich erstmals ausschließlich mit den Arten, die auch im Freien gepflegt werden können, und ist ein wertvoller Leitfaden für die richtige Pflege von Wasserschildkröten.

112 Seiten,
88 Abbildungen
Format: 16,8 x 21,8 cm
ISBN 978-3-931587-56-7

19,80 €

Natur und Tier - Verlag GmbH
An der Kleimannbrücke 39/41 · 48157 Münster
Telefon: 0251-13339-0 · Fax: 0251-13339-33
E-Mail: verlag@ms-verlag.de

Preiswert und in rundum hoher Qualität

Art für Art stellen Ihnen die Bücher dieser Reihe die beliebtesten Terrarientiere vor. Jeder Band bietet Ihnen detaillierte, praxisnahe Pflegeanleitungen, und Sie finden alle Informationen, die Sie brauchen, um Ihre Tiere erfolgreich zu vermehren.

Das alles auf 64 Seiten durchgängig farbig, großzügig bebildert und attraktiv gestaltet – Art für Art.

Die Gelbwangen-Schmuckschildkröte
ISBN 978-3-937285-14-6

Die Moschusschildkröte
ISBN 978-3-937285-34-4

Falsche Landkarten- und Mississippi-Höckerschildkröten
ISBN 978-3-937285-88-7

Die Chinesische Streifenschildkröte
ISBN 978-3-937285-90-0

Die Starrbrust-Pelomeduse
ISBN 978-3-937285-91-7

je nur € 11,80

Die Schnappschildkröte
ISBN 978-3-86659-122-6

Die Zwerg-Moschusschildkröte
ISBN 978-3-86659-137-0

Die Chinesische Weichschildkröte
ISBN 978-3-86659-139-4

Die Cumberland-Schmuckschildkröte
ISBN 978-3-86659-138-7

Die Chinesische Dreikielschildkröte
ISBN 978-3-86659-174-5

Die Florida-Rotbauch-Schmuckschildkröte
ISBN 978-3-86659-192-9

www.ms-verlag.de

MARGINATA
Ihr Fachmagazin für die Terraristik

Das Schildkröten-Fachmagazin

Das Schildkröten-Fachmagazin MARGINATA behandelt auf 64 Seiten in fundierten und modern gestalteten Beiträgen die unterschiedlichsten Aspekte: Haltung und Nachzucht, Berichte aus dem natürlichen Lebensraum, Krankheiten und ihre Behandlung, richtiges Füttern, Artenschutz, biologische Hintergrundinformationen, Neues aus der Wissenschaft. Jedes Heft bietet Beiträge über europäische und tropische Land-, Wasser- und Sumpfschildkröten, außerdem Buch- und Produktbesprechungen sowie Veranstaltungstermine und Kleinanzeigen. Alles ist leicht verständlich, allgemein interessierend und unterhaltsam.
Besonders ausführlich ist das jeweilige Titelthema dargestellt: Nach der umfangreichen und brillant bebilderten Fotoreportage beleuchten weitere Artikel dieses Thema von verschiedenen Seiten. Chefredakteur der MARGINATA ist der bekannte Schildkrötenexperte Hans - Dieter Philippen, unterstützt von einem erfahrenen Redaktionsteam und einem kompetenten Beirat aus Wissenschaft und Terraristik. Die Vielzahl renommierter Autoren ist zusätzlicher Garant für Aktualität und Qualität.

Preise
Einzelheft: . . . . 8,60 €
Inland-Abonnement: . . . . 32,00 €
Ausland-Abonnement: . . 38,00 €

www.marginata-magazin.de

Natur und Tier - Verlag GmbH
An der Kleimannbrücke 39/41 · 48157 Münster
Telefon: 0251-13339-0 · Fax: 0251-13339-33
E-Mail: verlag@ms-verlag.de

www.ms-verlag.de